Für Ludwig von Mises

AF636331

»Das staatliche Geldmonopol als groß angelegter Betrug am Bürger? Der Wohlfahrtstaat als zutiefst demagogisches Projekt? Philipp Bagus und Andreas Marquart haben ein provokantes (und zugleich unterhaltsames) Buch geschrieben. Sie fordern die vermeintlichen Selbstverständlichkeiten unserer Zeit heraus, politisch wie ökonomisch. Und sie rufen dazu auf, Stellung zu beziehen. Ein Buch, das niemanden kalt lässt.«

Daniel Eckert, Autor von »Weltkrieg der Währungen« und »Alles Gold der Welt«

»Sind wirklich die gierigen Banker an der Finanzkrise und der zunehmenden wirtschaftlichen Ungleichheit schuld? Nein, so mächtig sind sie nicht. Philipp Bagus und Andreas Marquart zeigen auf einleuchtende Weise, dass unser staatsmonopolitistisches Geldsystem dafür verantwortlich ist. Wer unser Geld- und Finanzsystem wirklich verstehen will, muss dieses Buch lesen.«

Dr. Thomas Mayer, Senior Fellow, Center for Financial Studies, Goethe Universität Frankfurt am Main

»In einer Zeit, in der die Vermögensverteilung zu einer der brisantesten gesellschaftspolitischen Fragestellungen geworden ist, richten die Autoren ihr Augenmerk auf die wohl essenziellste aller Fragen: Die Geldsystemfrage! Dieses Buch klärt den Leser über die wahre Ursache einer Reihe wirtschaftlicher und gesellschaftlicher Phänomene auf, welche uns so lange begleiten werden, solange wir uns noch dem aktuellen Geldsozialismus unterwerfen.«

Ronald Stöferle, Autor der „In Gold we Trust" Reports

Andreas Marquart | Philipp Bagus

WARUM ANDERE AUF IHRE KOSTEN IMMER REICHER WERDEN

... und welche Rolle der Staat und unser Papiergeld dabei spielen

FBV

Bibliografische Information der Deutschen Nationalbibliothek
Die Deutsche Nationalbibliothek verzeichnet diese Publikation in der Deutschen Nationalbibliografie.
Detaillierte bibliografische Daten sind im Internet über **http://dnb.d-nb.de** abrufbar.

Für Fragen und Anregungen:
info@finanzbuchverlag.de

6. Auflage 2022

© 2014 by FinanzBuch Verlag, ein Imprint der Münchner Verlagsgruppe GmbH
Türkenstraße 89
80799 München
Tel.: 089 651285-0
Fax: 089 652096

Alle Rechte, insbesondere das Recht der Vervielfältigung und Verbreitung sowie der Übersetzung, vorbehalten. Kein Teil des Werkes darf in irgendeiner Form (durch Fotokopie, Mikrofilm oder ein anderes Verfahren) ohne schriftliche Genehmigung des Verlages reproduziert oder unter Verwendung elektronischer Systeme gespeichert, verarbeitet, vervielfältigt oder verbreitet werden.

Redaktion: Matthias Michel
Umschlaggestaltung: Kristin Hoffmann, München
Umschlagabbildung: unter Verwendung von iStock-Bildern
Satz: Carsten Klein, München
Druck: CPI
Printed in the EU

ISBN Print 978-3-89879-857-0
ISBN E-Book (PDF) 978-3-86248-596-3
ISBN E-Book (EPUB, Mobi) 978-3-86248-597-0

Weitere Informationen zum Verlag finden Sie unter

www.finanzbuchverlag.de

Beachten Sie auch unsere weiteren Verlage unter www.m-vg.de

Vielen Dank an unsere Frauen Eva und Petra,
die uns in den Monaten,
in denen dieses Buch entstanden ist,
liebevoll unterstützt haben.

Philipp Bagus & Andreas Marquart

Inhalt

Warum dieses Buch explosiver als Sprengstoff ist

Das größte Unglück in der Menschheitsgeschichte – so bezeichnete der Ökonom Roland Baader (1940–2012) einmal das Staatsmonopol für das Geldangebot. Eine gewagte Aussage. Denn das staatliche Geldmonopol wird von kaum jemandem infrage gestellt.

Wie steht es mit Ihnen? Haben Sie schon einmal die *Geldsystemfrage* gestellt? Nein? Aber sind Monopole denn nicht etwas Schlechtes? Führen sie nicht zu Verschwendung, Ineffizienz und immer höheren Preisen? Warum sollte das beim Geld anders sein? Und ist ein wertbeständiges Geld nicht von fundamentaler Bedeutung für Ihre Lebensplanung? Würden Sie die Verantwortung für Ihre Ernährung, wie viel und was Sie täglich essen, an ein Staatsmonopol übertragen? Beim *Geld* tun Sie es.

Wenn unser Geld in der Obhut des Staates gut aufgehoben ist, warum verliert es dann immer mehr von seiner Kaufkraft? Sie wenden jetzt sicher ein, ein Geldwesen unter staatlicher Kontrolle sei immer noch besser, als es dem sogenannten freien Markt zu überlassen. Sind Sie sicher? Warum darf die EZB von unserem Tauschmittel Geld immerzu neues drucken? Warum erlaubt es der Staat den Banken – im Übrigen auch Ihrer Sparkassenfiliale um die Ecke – Geld in Form von Kredit aus dem Nichts herzustellen? Warum darf das Geld verliehen werden, das *Sie* auf *Ihrem* Girokonto oder Tagesgeld liegen haben? Sie brauchen es doch vielleicht bald wieder. Und wenn das Geld verliehen ist (und es *ist* zum größten Teil verliehen!), warum steht es dann immer noch bei Ihnen auf dem Konto? Was passiert mit *Ihnen*, wenn Sie Geld drucken? Eines ist sicher: Sie gehen nicht einmal über »Los«, Sie gehen direkt ins Gefängnis. Denn die Gauner erlauben keine Konkurrenz. Das Monopol will gut geschützt sein.

Nach Angaben der Europäischen Zentralbank hat sich die Geldmenge M2, die Bargeld und Bankeinlagen bis zu einer Laufzeit von zwei Jahren umfasst, seit Einführung des Euros rund verdoppelt. Hat sich Ihr Kontostand in diesem Zeitraum auch verdoppelt? Nein? Hat sich dann wenigstens Ihr Einkommen verdoppelt? Auch nicht? Dann stellen Sie sich jetzt bitte folgende Frage: »Wenn sich die Geldmenge im Euroraum verdoppelt hat, mein Kontostand aber nicht, dann muss der Kontostand eines anderen ja umso stärker zugenommen haben. Wenn derjenige vielleicht schon vorher mehr Geld hatte als ich, dann hat er jetzt ja *noch* mehr als ich. Dann ist der, der ohnehin schon reicher war als ich, jetzt noch reicher, und ich bin im Vergleich zu ihm relativ ärmer.«

Aber halt: wenn Sie nun erwarten, dass dieses Buch eine Hetzschrift gegen die »bösen« Reichen und Unternehmer ist, die ihre armen Arbeitnehmer ausbeuten und die man mit Gesetzen zwingen muss, höhere Löhne oder Mindestlöhne zu zahlen, dann täuschen Sie sich. Jeder Mensch, das gilt für Sie wie für jeden anderen Menschen, handelt aus einem bestimmten Motiv heraus. Auslöser für jegliches menschliche Handeln ist das Bestreben, das eigene Wohlbefinden zu steigern oder die eigene Situation zu verbessern. Niemand hat im Übrigen die Lehre vom menschlichen Handeln gründlicher erforscht und besser beschrieben als Ludwig von Mises (1881–1973) in seinem Werk *Nationalökonomie. Theorie des menschlichen Handelns und Wirtschaftens*. Ludwig von Mises war der wohl bedeutendste Ökonom des 20. Jahrhunderts. Von ihm und der *Österreichischen Schule der Nationalökonomie*, deren

Hauptdenker Mises war, werden Sie in diesem Buch noch einiges lesen. Das Streben nach *mehr Geld* oder genauer nach *mehr Wohlstand* kann man niemandem zum Vorwurf machen, es ist einfach nur menschlich. Wäre dem Menschen ein solches Verhalten nicht angeboren, würden wir wahrscheinlich heute noch in Höhlen leben. Natürlich gibt es Menschen, die dabei rücksichtslos vorgehen. Doch solche Menschen gab es schon immer und wird es wohl auch immer geben. Besonders rücksichtslos und heimtückisch ist es jedoch, sich durch das Ausnutzen des Geldmonopols auf Kosten der Allgemeinheit zu bereichern. Auch davon wird zu sprechen sein. Und wenn Sie der Meinung sind, dass die Menschen immer egoistischer werden und immer weniger hilfsbereit sind, dann sind die wirklichen Ursachen hierfür vielleicht auch in unserem Geldsystem zu finden. In einem Geldsystem nämlich, dessen Funktionsweise die Entstehung eines gigantischen, schuldenfinanzierten Wohlfahrtsstaates überhaupt erst ermöglicht. Und statt einem anderen selbst Hilfe zu leisten, schiebt man diesem Wohlfahrtsstaat gerne die Verantwortung zu, mit dem Argument »Ich zahle schließlich schon genug Steuern«.

Haben Sie auch das Gefühl, dass sich die Gesellschaft auseinanderentwickelt? In der Konstruktion unseres Geldsystems sind die wirklichen Ursachen zu finden, warum *wenige* zulasten *vieler* profitieren, warum die traditionellen gesellschaftlichen Bande stetig verschleißen, warum die Menschen materialistischer und rücksichtloser, warum Reiche reicher und Arme ärmer werden. In diesem Buch werden Sie erfahren, *warum* das so ist. Keine Angst, Sie brauchen kein Ökonom zu sein, um die Ausführungen verstehen zu können. Wahrscheinlich ist es sogar von Vorteil, wenn Sie gerade *kein* Volkswirtschaftsstudium absolviert haben. Dann sind Sie nämlich nicht vorbelastet. Denn was Sie bei der Lektüre dieses Buches erwartet, würden Sie während eines Studiums an einer staatlichen Universität ohnehin nicht erfahren. Zum Verständnis dieses Buches genügt ein bisschen gesunder Menschenverstand. Versprochen.

Eine Warnung gilt es an dieser Stelle aber auszusprechen. Wenn Sie dieses Buch zu Ende gelesen haben, wird die Welt für Sie nicht mehr die Gleiche sein wie zuvor. Und bisweilen lebt es sich besser als Unwissender. Die schmerzhafte, ungeschminkte Wahrheit kann im schlimmsten Fall sogar Übelkeit erregen. Es fühlt sich einfach nicht gut an, wenn man erfährt, dass man belogen und betrogen wird. Wenn Ihr Partner wiederholt spät und nach fremdem Parfüm riechend nach Hause kommt, haben Sie vielleicht auch Angst, zu fragen, wo er gewesen ist. Sie möchten es lieber nicht wissen. Oder sagen sich: Wäre es mir doch besser gar nicht aufgefallen!

Zweifellos haben Sie bemerkt, dass in unserer Gesellschaft einiges im Argen liegt. Noch können Sie sich die bittere Wahrheit ersparen und das Buch zur Seite legen. Wollen Sie wirklich weiterlesen? Nehmen Sie sich ruhig ein wenig Bedenkzeit … So. *Wenn Sie diesen Satz lesen, gehören Sie zu den Mutigen, die sich tapfer die Augen öffnen lassen.* Gratulation, Sie haben die richtige Entscheidung getroffen! Nur wenn genügend Menschen sich der Perversion und Ungerechtigkeit unseres Geldsystems bewusst werden, besteht Hoffnung auf Besserung. *Sie* sind unser aller Hoffnung. Wir bauen auf Sie!

Nach der Lektüre werden Sie vieles mit anderen Augen sehen. Denn Sie werden wissen, was unter *gutem* Geld zu verstehen ist, und dass unser gegenwärtiges Geld *schlechtes* Geld ist. Sie werden begreifen, wie wichtig *gutes* Geld für eine Volkswirtschaft ist, und welchen Einfluss *schlechtes* Geld auf die Einkommens- und Wohlstandsverteilung in einer Gesellschaft hat. Sie werden verstehen, warum sich der Staat die Kontrolle über das Geld verschafft hat und behalten will.

Sie werden nachvollziehen können, warum es bei der Verwendung *schlechten* Geldes immer wieder zu Wirtschaftseinbrüchen kommt, warum Banken ins Trudeln geraten, warum die Preise für Güter und Dienstleistungen immer weiter steigen.

Wir werden Sie auch in die Lage versetzen, zwischen *guten* und *schlechten* volkswirtschaftlichen Theorien und Lehren zu unterscheiden. So sehen wir unsere Ausführungen auch als Antwort auf ein gegenwärtig sehr populäres Buch namens *Capital in the Twenty-first Century.* Es stammt aus der Feder des französischen Ökonomen Thomas Piketty und sorgt weltweit für Schlagzeilen. Nach den Theorien Piketty's ist es der Kapitalismus, der für die zunehmende Ungleichheit bei Einkommen und Vermögen verantwortlich ist. Was für ein Unsinn.

US-Präsident Barack Obama, IWF-Chefin Christine Lagarde und sogar der Papst sollen sein Buch schon gelesen haben. Wenn Sie einen der drei zufällig sehen, vielleicht können Sie unser Buch weiterreichen. Sonst werden Sie bald mit noch mehr Steuern und Abgaben belastet werden, genau das schlägt Piketty nämlich vor.

Auch in puncto Staat, Regierung und Politik dürfen Sie einiges erwarten. Sollten Sie noch zu den eher Staatsgläubigen gehören, dann ist die Wahrscheinlichkeit hoch, dass Sie von diesem Glauben abfallen werden. Und wenn Sie Politikern noch nie vertraut haben, werden Sie den Beleg dafür erhalten, dass Sie – bisher war es ja vielleicht wirklich nur ein Bauchgefühl – mit eben diesem Gefühl richtig liegen.

Und Sie werden nachvollziehen können, warum *schlechtes* Geld auch verantwortlich ist für die meisten Missstände in unserer Gesellschaft, bis hinein in die wichtigste Zelle, die Familie. Das lässt sich aufgrund mittlerweile zahlloser staatlicher Eingriffe auf den ersten Blick nur nicht mehr erkennen.

Staatliche Eingriffe umranken und verdecken die wahren Ursachen der Fehlentwicklungen in Wirtschaft und Gesellschaft wie ein dichtes Gestrüpp. Die Lektüre dieses Buches wird dieses Gestrüpp für Sie nach und nach entflechten, und am Ende werden Sie alle Zusammenhänge klar erkennen, sehen und verstehen können.

Wir wünschen eine spannende und lehrreiche Unterhaltung!

Philipp Bagus
Andreas Marquart
im April 2014

1. Warum Geld keinen Staat braucht

Was die Völker jahrzehntelang vorausgefressen haben, werden sie nun jahrzehntelang nachhungern müssen.
Roland Baader

Gleich zu Beginn wollen wir mit einem weitverbreiteten Irrtum aufräumen: Geld ist nicht irgendjemandes Erfindung, und schon gar nicht durch einen schöpferischen Akt des Staates entstanden! Die meisten Menschen sind sich – letztlich unbewusst – im Klaren darüber, dass Geld etwas sehr Wichtiges ist, und glauben deshalb, dass es richtig und gut sei, dass die Regierung das Geldwesen kontrolliert. Weit gefehlt!

Vergessen Sie einen Moment lang unser *jetziges* Geldsystem, wir haben es in der Einführung als *schlechtes* Geld bezeichnet. Lassen Sie uns stattdessen bei null anfangen. Zuallererst wollen wir Ihnen mit einer einfachen Geschichte erklären, *wie* Geld ursprünglich entstanden ist. Denn der Ursprung des Geldes verdeutlicht seine Natur und vor allem, was gutes Geld ist. Und wenn Sie die Natur des Geldes verstehen, haben Sie den meisten Ökonomen etwas voraus, von unseren Politikern ganz zu schweigen.

Stellen Sie sich bitte eine Gesellschaft *ohne* Geld vor. Wie würden hier Tauschgeschäfte zwischen den Menschen abgewickelt? Begeben wir uns zeitlich zurück in eine kleine Stadt – wie weit zurück, das überlassen wir Ihrer Fantasie. Am besten übernehmen Sie eine der Hauptrollen in unserer kleinen Geschichte, dann klappt das mit unserer Zeitreise noch besser. Stellen Sie sich also vor, Sie leben in einer kleinen Stadt und sind von Beruf Schuster. Sie fertigen die schönsten Schuhe weit und breit, aber über andere Talente verfügen Sie leider nicht. Weder Sie noch Ihre Frau können besonders gut Brot backen. Einen Stall, um Nutztiere zu halten, besitzen Sie auch nicht. Ihre Kinder und vor allem Ihre Frau werden um ihr Schuhwerk beneidet. Aber Schuhe kann man nicht essen, und ab und an muss Ihre Frau Lebensmittel besorgen. Weil es aber kein Geld gibt und Sie als Tauschobjekt nur Schuhe anzubieten haben, muss Ihre Frau notgedrungen einen Bauern finden, der zufälligerweise Schuhe braucht und im Gegenzug dafür bereit ist, einen Sack Kartoffeln oder auch einen Schinken herzugeben. Das mag das eine oder andere Mal funktionieren, aber der Schuhschrank des Bauern dürfte bald relativ gut gefüllt sein. Spätestens dann wird er Ihrer Frau die Tür vor der Nase zu machen, wenn sie bei ihm wieder einmal ein Paar Schuhe gegen einen Schinken *eintauschen* will.

Unterbrechen wir an dieser Stelle kurz Ihr Rollenspiel. Haben Sie es bemerkt? Wir haben das Wort »eintauschen« gebraucht. Den Menschen fehlt eine Art »Tauschmittel«. Und unser kleines Beispiel würde sogar noch ein wenig komplizierter, würden wir uns weitere Berufe hinzudenken: ein Metzger, ein Schmied, ein Maurer, ein Banker … Stopp, nein, kein Banker, der wird hier nicht gebraucht. Aber im Ernst: Wie viel mehr könnten all diese Menschen – wir wollen sie Marktteilnehmer nennen – voneinander profitieren, wenn ihnen ein Tauschmittel zur Verfügung stünde, um sich nicht immer genau denjenigen suchen zu müssen, der gerade ein paar Schuhe braucht oder dessen Pferd neu beschlagen werden muss? Sind Sie vielleicht gerade auf den Gedanken gekommen, wie praktisch es doch ist, dass wir diese Probleme nicht haben, dass wir einen fürsorglichen Staat haben, der uns mit Geld versorgt? Dann wollen wir Sie mit der Fortführung unseres Gedankenspiels von diesem Irrtum befreien.

Die Frauen in unserer kleinen Stadt tragen sehr gerne Schmuck, vornehmlich Gold- und Silberschmuck. Es ist eine lange Tradition, dass die Männer ihren Frauen bei jeder passenden Gelegenheit goldige Geschenke machen: bei der Geburt eines Kindes, bei Geburtstagen oder am Hochzeitstag, wenn sie ihn nicht wieder einmal vergessen haben. *Fällt Ihnen auf, dass sich bei gewissen Dingen die Zeiten nicht zu ändern scheinen?*

Die Frauen in der Stadt schätzen diese Präsente, wissen sie doch, wie lange ihre Männer arbeiten müssen, wie viele ihrer Waren sie beim Goldschmied eintauschen müssen, um einen Ring, einen Ohrstecker oder eine Kette zu erwerben. Aber Gold ist nicht nur ein Statussymbol. Auch seine Ästhetik ist unbestreitbar. Gold glänzt so schön. Oder etwa nicht? Daher erachten auch in unserer Geschichte alle Goldschmuck als etwas Wertvolles, er wird *wertgeschätzt.*

Eines Tages – Ihre Frau hat sich wieder einmal trotz ihres formidablen Schuhwerks die Füße wund gelaufen, um jemanden zu finden, der gegen ihre Schuhe Kartoffeln eintauscht – kommt ihr eine bahnbrechende Idee. Sie hat beobachtet, dass kleine Goldplättchen intensiv nachgefragt werden. Die Plättchen werden oft gehandelt, man wird sie schnell gegen jedwede andere Ware los. Oder anders ausgedrückt: *Gold ist ein sehr absatzfähiges Gut.* Es kann zu jeder Zeit zu einem guten Preis verkauft werden. Warum also nicht die Schuhe gegen Goldplättchen verkaufen? Anstatt zu versuchen, direkt Schuhe gegen Kartoffeln zu tauschen, könnte sie auch die Schuhe auf indirekte Weise erst gegen Gold tauschen und dann mit dem Gold einen Kartoffelverkäufer aufsuchen. Ihre Frau braucht dann zwar statt eines Tausches (Schuhe gegen Kartoffeln) zwei Tauschvorgänge (Schuhe gegen Gold gegen Kartoffeln), aber sie könnte dennoch wertvolle Zeit gewinnen und sogar günstiger an die Kartoffeln kommen. Ihre Frau wagt die Unternehmung. Vielleicht misslingt der Versuch, und sie findet niemanden, der günstig Gold gegen Schuhe oder Kartoffeln gegen Gold eintauscht.

Nehmen wir aber an, dass Ihre Frau erfolgreich ist. Sie kommt nun schneller und günstiger an Kartoffeln. Mittels des indirekten Tausches mit dem Tauschmittel Gold. Die Innovation war erfolgreich. Von nun an wird Ihre Frau diese Strategie des Tauschmitteleinsatzes bei allen ihren Unternehmungen verfolgen. Sie wird fleißig Goldplättchen für den Tausch nachfragen. Durch die zusätzliche Nachfrage steigert sich die Absatzfähigkeit des Goldes sogar noch. Aber nicht nur Ihre Frau wird die so erfolgreiche Verhaltensänderung wiederholen, andere werden sie kopieren.

Denn gleich beim nächsten Kaffeekränzchen erzählt Ihre Frau ihren Freundinnen vom erfolgreichen Tausch »Gold gegen Kartoffeln«. Wie es der Zufall will, ist auch die Frau des Bauern zugegen. Und auch sie weiß Interessantes zu berichten. Ihr Mann hat das Gold, das er von Ihrer Frau im Tausch erhalten hat, zusammen mit einer weiteren Menge Gold, das sie ihm aus ihrem Schmuckkästchen gegeben hat, verwendet, um beim Schmied einen neuen Pflug zu kaufen. Das Geschäft sei viel einfacher vonstattengegangen als sonst. Denn normalerweise hat der Schmied aus Tauschgeschäften mit den Bauern so viele Vorräte an Kartoffeln und Schinken in der Speisekammer, dass er noch mehr davon überhaupt nicht gebrauchen kann und daher gar kein Interesse hat, Pflüge für Bauern herzustellen.

Die *neue* Art zu tauschen spricht sich in unserer kleinen Stadt schnell herum. Die Menschen gehen nach und nach dazu über, Waren nicht mehr direkt gegen Waren zu tauschen, sondern sie setzen immer häufiger ihr Gold als Tauschmittel ein. Dadurch wird das Gold immer absatzfähiger beziehungsweise liquider. Es wird ein immer besseres Tauschmittel, da immer mehr Marktteilnehmer es nachfragen und benutzen. Die Menschen spüren, dass sie alle davon profitieren. Sie können nun leichter kooperieren, die Arbeitsteilung wird gefördert. Jeder kann sich jetzt mehr auf seine Talente konzentrieren und muss Dinge, für die er zuvor keinen Tauschpartner gefunden hat, nun nicht mehr mühsam selbst herstellen oder gar alle Arbeiten selbst erledigen. Jeder kann sich nun auch und noch leichter als zuvor der Fähigkeiten anderer bedienen. Dies gelang vorher nur, wenn ein anderer genau *die* Ware oder Dienstleistung benötigte, die man ihm in diesem Moment anzubieten hatte. Die Arbeitsteilung kann sich zum Wohle aller erheblich ausdehnen.

Das Geldsystem ist also nicht nur von Bedeutung, weil seine Manipulation das Vermögen und die Lebenspläne der Menschen auf dramatische Weise durcheinanderwirbeln kann und weil, wie die Weimarer Hyperinflation gezeigt hat, beim Zusammenbruch des Geldsystems ein Umkippen der Gesellschaft möglich wird. Nein, ohne Geld wäre unsere hochkomplexe arbeitsteilige Wirtschaft nicht aufrechtzuerhalten. Diese Arbeitsteilung erlaubt eine ungeheure Produktivität, die es wiederum ermöglicht, sieben Milliarden Menschen zu ernähren. Ohne Geld würde der Großteil unseres heutigen Tauschvolumens nicht stattfinden können, dadurch die Arbeitsteilung zusammenbrechen und die Eigenproduktion in der Not zunehmen. Der Produktivitäts- und Wohlstandsverlust wäre unvorstellbar. Wahrscheinlich würde ohne Geld der Großteil der Menschheit sterben. Das Entstehen von Geld, einem allgemein akzeptierten Tauschmittel, ermöglicht erst das Entstehen von komplexen arbeitsteiligen und wohlhabenden Gesellschaften. Oder anders ausgedrückt: Ohne Geld keine Zivilisation.

Daher sollten wir die Mitwirkenden an der Geldentstehung als Helden feiern. *Ja, genau, Ihre Frau ist eine Heldin.* Sind wir uns einig, sagen zu können, dass in unserer kleinen Stadt gerade *Geld* entstanden ist? Und haben Sie bemerkt, dass hier *kein* Staat beteiligt war, dass *keine* Regierung ein Gesetz erlassen hatte, durch das Gold zu Geld wurde? Geld ist entstanden, weil die Marktteilnehmer, die miteinander Handel betreiben wollten, bemerkten, wie nützlich dies für sie ist. Dabei wollten sie gar nicht bewusst bei der Geldentstehung mitwirken. Sie konnten einfach mit dem Tauschmittel Gold ihre persönlichen Ziele besser erreichen. Und weil alle das gleiche Tauschmittel benutzten – nämlich Gold – wurde dieses *noch* nützlicher.

Geld hat somit eine Hauptfunktion, die des Tauschmittels. Daneben hat Geld noch weitere Funktionen, nämlich die der Wertaufbewahrung und als Recheneinheit. Die Funktion, Kaufkraft zu erhalten und in die Zukunft zu transportieren, kann Geld aber nur erfüllen, wenn es wertstabil ist. Denn zwischen dem Zeitpunkt, an dem Ihre Frau die Schuhe gegen Gold verkauft, und dem Zeitpunkt, an dem sie das Gold für Käufe einsetzt, vergehen Tage, Wochen, vielleicht Monate. Ihre Frau hat sich auch für die Goldplättchen entschieden, weil sie annahm, dass diese in der kritischen Zwischenzeit wertstabil waren. Überhaupt gehen Absatzfähigkeit und Wertstabilität Hand in Hand. Gold wurde so häufig gehandelt, weil es wertstabil war. Und sein häufiger Handel machte es wertstabiler.

Eine Geldordnung, die auf natürlichem Wege entsteht, also ohne jegliches Eingreifen von Staat und Regierung, bezeichnet man gemeinhin als *marktwirtschaftliche Geldordnung*. Sie kommt ohne staatlichen Zwang zustande. Die Marktteilnehmer einigen sich *freiwillig* auf ein bestimmtes Geld oder auch auf mehrere Geldarten, die dann nebeneinander verwendet werden. In der Geschichte waren dies meist Gold, Silber oder auch Kupfer. Sie haben sicher schon alte Münzen im Museum gesehen, geprägt lange vor Christi Geburt. Hätte man damals Papiergeld verwendet, der Zahn der Zeit hätte bis heute nichts mehr davon übrig gelassen. Und wenn, dann hätte es allenfalls noch historischen Wert. Zahllose Währungsreformen hätten den Tauschmittelwert der Papierscheine auf null befördert.

Was ist nun aber der Grund, warum die Menschen immer wieder Edelmetalle als Geld gewählt haben, und das über Jahrtausende hinweg, immer wieder, sofern man sie nicht dazu gezwungen hat, staatliches Geld zu verwenden? Wenn man bei Warengeld in der

Betrachtung zeitlich zurückgeht, wird man feststellen, dass dieses Geld irgendwann einmal nicht Geld, sondern einfach nur Ware war. Und weil diese Ware *häufig gehandelt wurde*, genau wie in unserer Geschichte, wurde diese Ware plötzlich zu *Geld oder Warengeld*, ganz ohne staatliche Autorität.

Was zeichnet dieses Geld – wir nennen es *gutes Geld* – aber aus? Warum gerade Gold oder Silber? Ganz einfach: Edelmetalle sind knapp, teilbar, homogen, billig zu transportieren und aufzubewahren, relativ leicht in ihrem Gehalt zu erkennen – den berühmten Biss auf die Goldmünze kennen Sie sicherlich aus den Western-Filmen –, von enormer Haltbarkeit, werden intensiv und konstant nachgefragt, und vor allem – sie sind nicht beliebig vermehrbar.

In einer Volkswirtschaft, in der es gutes Geld gibt – wir nehmen an, es wäre Gold – wird die Geldmenge nur zunehmen, wenn *neues Gold* hinzukommt. Und das muss und musste schon immer mit sehr viel Aufwand aus dem Boden geholt werden. Der große Vorteil von Gold: Die in der Menschheitsgeschichte geförderte Goldmenge ist in Relation zur Neuproduktion enorm. Im Gegensatz zu anderen Waren, wie Weizen, wird die jährliche Fördermenge nämlich nicht konsumiert, sondern akkumuliert sich stetig. In den letzten 150 Jahren wuchs die weltweite Goldmenge pro Jahr um etwa zwei Prozent. Das ist nicht viel, und diese Wachstumsrate ist darüber hinaus recht konstant. Was dagegen nicht konstant ist, ist die Rate, mit der die Geldmenge in unserem *jetzigen* Geldsystem wächst. Nach der Einführung des Euro gab es schon mal Jahre, in denen nach Angabe der Europäischen Zentralbank die Geldmenge M3 mit einer Jahresrate von zwölf Prozent (!) gewachsen ist. Die Geldmenge M3 ist die am breitesten gefasste; sie enthält neben Bargeld und Bankeinlagen auch Bankschuldverschreibungen und Geldmarktpapiere bis zu zwei Jahren Laufzeit. Dass solch hohe Wachstumsraten der Kaufkraft unseres Geldes, also auch *Ihrer* Kaufkraft, nicht dienlich sind, können Sie sich vorstellen. Aber hierzu später mehr.

Wir denken, dass es klar geworden ist, was unter gutem Geld zu verstehen ist. Und Sie haben es bestimmt schon vermutet: Wenn es *gutes Geld* gibt, gibt es wohl auch *schlechtes Geld.*

Lassen wir hier als Ersten jemanden zu Wort kommen, der sich mit Geld auskennen sollte, schließlich ist er der Präsident der Deutschen Bundesbank: Dr. Jens Weidmann. In einer vielbeachteten Rede im September 2012 sagte er:

> *Jenes Geld jedoch, welches wir in Form von Banknoten und Münzen bei uns tragen* [er meinte damit den Euro, Anmerkung der Autoren], *hat mit Warengeld nichts mehr zu tun. Die Rückbindung an Goldbestände gibt es nicht mehr, seit im Jahr 1971 die Goldbindung des US-Dollar aufgehoben wurde. In Kurzform: Heutiges Geld ist durch keinerlei Sachwerte mehr gedeckt. Banknoten sind bedrucktes Papier – die Kenner unter Ihnen wissen, dass es sich im Fall des Euro eigentlich um Baumwolle handelt –, Münzen sind geprägtes Metall. Dass Banknoten und Münzen im täglichen Leben als Zahlungsmittel akzeptiert werden, hat zwar auch damit zu tun, dass sie alleiniges gesetzliches Zahlungsmittel sind. Letztlich fußt die Annahme von Papiergeld jedoch primär auf dem Vertrauen der Bevölkerung, mit dem erhaltenen Papiergeld selbst auch wieder Käufe tätigen zu können.*

Deutliche Worte, Sie haben es selbst gelesen: … *hat mit Warengeld nichts mehr zu tun … ist durch keinerlei Sachwerte mehr gedeckt … fußt auf dem Vertrauen der Bevölkerung.*

Bemerkenswert, oder? Der Präsident der Deutschen Bundesbank gibt offen zu, dass hinter unserem Geld keinerlei Sachwerte stecken und sein Wert nur auf Vertrauen basiert.

Können Sie sich erinnern, als im Herbst 2008 die Bank *Hypo Real Estate* pleitezugehen drohte? Die Menschen begannen, das *Vertrauen* in das Geldsystem zu verlieren. Bundeskanzlerin Angela Merkel und ihr damaliger Finanzminister Peer Steinbrück sahen sich genötigt, den Deutschen eine Garantie für ihre Spareinlagen auszusprechen, denn die Ersten hatten bereits angefangen, ihr Geld bei ihrer Bank abzuheben. Die Kanzlerin damals im Wortlaut: *Wir sagen den Sparerinnen und Sparern, dass ihre Einlagen sicher sind.*

Was ist das für ein Geld, für das Politiker eine Garantie aussprechen müssen? Die Antwort ist einfach: *schlechtes Geld.* Und die Antwort auf folgende Frage können Sie sicher selbst und ohne zu zögern beantworten: Glauben Sie, dass gutes Geld oder Warengeld auf die Garantie eines Politikers angewiesen wäre? Wir meinen: sicher nicht.

Das Geld, das wir gegenwärtig verwenden, verwenden müssen, ist schlechtes Geld und basiert nicht auf einer freiwilligen Übereinkunft der Menschen. Unser Geldsystem ist ein reines Papiergeldsystem. Übrigens sind alle Währungen weltweit mittlerweile reine Papierwährungen. Die letzte Bindung von Geld zu Gold wurde im Jahr 1971 gelöst, als der damalige US-Präsident Richard Nixon die Einlösbarkeit von damals 35 US-Dollar in eine Unze Gold über Nacht aufhob. Aufgrund zunehmender Verschuldung der USA, verursacht vor allem durch den Vietnamkrieg, stieg das Misstrauen in den US-Dollar und ließ immer mehr Gold aus den Tresoren der Amerikaner abfließen. Um dies zu verhindern, sah die amerikanische Regierung keine andere Möglichkeit, als die Konvertierbarkeit des US-Dollar in Gold aufzuheben. Der Versuch, das verlorene Vertrauen durch eine Reduzierung der Staatsausgaben zurückzugewinnen, wäre sicherlich auch eine Option gewesen. Aber wirkliches *Sparen* ist bei Staaten und Regierungen reichlich unbeliebt. Schließlich ist es viel angenehmer, fremdes Geld (Steuern) zu verteilen, als den Empfängern zu sagen: Ab jetzt gibt's weniger!

Aber zurück zu unserem Thema: Der Staat besitzt also die Geldhoheit, das Monopol zur Geldproduktion. Und Monopole sind schlecht, jedenfalls für den Verbraucher, nicht aber für den Monopolisten. Bei jedem anderen Produkt würden sich die Verbraucher über die Monopolstellung eines Produzenten beklagen. Bei unserem Geld tut das niemand. Warum nicht? Mal ganz ehrlich, haben Sie sich jemals gefragt, warum der Staat für unser Geld zuständig ist? Nicht wirklich, oder? Werden die Bürger befragt, wie es mit ihrem Vertrauen in Politiker aussieht, sind die Ergebnisse regelmäßig erschreckend – jedenfalls für unsere Politiker. Glaubt man einer Emnid-Erhebung vom August 2013, haben knapp zwei Drittel der Deutschen kein Vertrauen in Politiker. Interessant, dass man dieser Berufsgruppe letztlich die Verantwortung über unser Geld überlässt. Fast schon ein bisschen schizophren: Man hat kein Vertrauen in Politiker, vertraut aber darauf, dass sie uns ordentliches Geld geben. Und wenn es zu einer Krise kommt und man beginnt, das Vertrauen in das Geld zu verlieren, vertraut man auf die Aussage von Politikern, dass die Spareinlagen sicher sind. Wir ersparen uns jeden Kommentar.

Wir Menschen sind heute zu schier unglaublichen technologischen Spitzenleistungen in der Lage. Wir schicken Robotersonden auf den Mars und tragen bald alle ein Smartphone mit uns herum, mit dem man mal eben schnell in Sekundenschnelle ein Foto ans andere Ende der Welt schicken kann. Unsere Mediziner transplantieren routinemäßig Spenderherzen, und im Internet bestellen wir per Mausklick Dinge, die aufgrund logistischer Meisterleistungen am nächsten Tag an unserer Haustür abgegeben werden.

Vielleicht spielt auch eine gewisse Resignation eine Rolle, aber beim Geldwesen scheinen wir unseren Verstand dagegen regelmäßig auszuschalten, wir hinterfragen es nicht einmal und überlassen das Feld der Politik. Wir überlassen unser Geldwesen also Menschen, die scheinbar nicht einmal in der Lage sind, einen Flughafen fristgerecht fertigzustellen. Aber beim Thema Geld kennen die sich ja sicher aus. Zugegebenermaßen ist das Funktionieren unseres modernen Geldsystems alles andere als trivial. Außerdem wird es von zahlreichen absichtlich gezündeten Nebelkerzen verhüllt, sodass der Normalbürger sein genaues Wirken nicht erfasst und deshalb nicht infrage stellt. Aber dafür gibt es ja jetzt dieses Buch.

Niemand hat es treffender formuliert als der Mises-Schüler und Nobelpreisträger Friedrich August von Hayek (1899–1992), der in den 1970er-Jahren schrieb, dass die Geschichte des staatlichen Umgangs mit Geld eine Geschichte von unablässigem Lug und Betrug sei.

Damit ein *Geldsystem* funktioniert, ist es nicht erforderlich, dass sich der Staat darum kümmert. Und dass es notwendig und wichtig ist, ein *gesetzliches* Zahlungsmittel zu haben, ist schlicht und einfach eine Lüge. Unsere Geschichte hat uns schlüssig aufgezeigt, wie Menschen freiwillig übereinkommen, was sie als Geld verwenden. Man muss sie nur lassen.

Vielleicht wenden Sie nun ein, die Zeiten seien heute andere, eine moderne Volkswirtschaft benötige neues Geld und Kredite, um wachsen zu können. Diese Aussage hören wir häufig von Ökonomen, die Staat und Regierung nach dem Mund reden. Auch diese Behauptung ist falsch. Eine Volkswirtschaft kommt mit *jeder* Geldmenge zurecht. Mehr Geld macht eine Volkswirtschaft nicht reicher.

Der Ökonom Murray N. Rothbard (1926–1995), übrigens auch ein Mises-Schüler, schreibt in seinem Buch *Das Scheingeldsystem. Wie der Staat unser Geld zerstört*:

> *Was würde passieren, wenn über Nacht eine gute Fee in unsere Taschen, Geldbörsen und Bankkonten langte und unsere Geldmenge verdoppeln würde? Wären wir nun doppelt*

> *so reich? Offensichtlich nicht. Was uns reich macht, ist eine Fülle an Gütern, und was diesen Überfluss begrenzt, ist eine Knappheit an Ressourcen: namentlich Boden, Arbeit und Kapital. Indem man Geldstücke vervielfacht, wird der Mangel an diesen Ressourcen nicht behoben. Für einen Moment mögen wir uns fühlen, als wären wir doppelt so reich, doch natürlich verwässern wir nur unser Geldangebot ... Während neue Konsum- oder Kapitalgüter den Lebensstandard erhöhen, erhöht neues Geld nur die Preise.*

Ein weiterer Irrtum, den es aufzuräumen gilt: Je stabiler das Geld, desto besser. Falsch. Wieso, wenden Sie nun vielleicht ein, sieht es dann die Europäische Notenbank als ihre Aufgabe an, die Preise stabil zu halten? Gegenfrage: Warum verhindert die Notenbank ein Fallen der Preise? Also, wir haben nichts gegen fallende Preise. Und Sie? Die Notenbank scheint aber etwas dagegen zu haben. Warum? Weil in einem Papiergeldsystem fallende Preise sich zerstörerisch auswirken. Die Gründe werden Sie im weiteren Verlauf dieses Buches noch erfahren.

Die Kaufkraft von Warengeld wäre sicherlich stabiler als unser heutiges staatliches Papiergeld und tendenziell steigend, keine Frage. Aber die Kaufkraft von Warengeld wäre nicht absolut stabil. Sie würde auch schwanken, denn sie steht eng in Zusammenhang mit der schwankenden Nachfrage nach Geld. Mal ist die Nachfrage nach Geld höher, mal niedriger. Überlegen Sie bitte selbst: In Zeiten wirtschaftlicher Unsicherheit werden die Menschen eher mehr Geld halten wollen, die Nachfrage nach Geld wird steigen, Güterpreise dagegen werden fallen. Bis zu dem Punkt, an dem Güterpreise wieder als attraktiv betrachtet werden, die Unsicherheit wieder abnimmt und die Bereitschaft, Geld gegen Güter einzutauschen, wieder zunimmt. In Phasen, in denen wenig Unsicherheit herrscht, werden die Menschen dagegen eher weniger Geld halten, die Nachfrage nach Geld wird abnehmen und Güterpreise tendenziell steigen. Bis zu dem Punkt, an dem sie eher als zu hoch betrachtet werden und die Bereitschaft, Geld gegen Güter zu tauschen, wieder abnimmt. Nur so können Preise überhaupt ihre Signalwirkung entfalten. Die Notenbank lässt mit ihrem sich selbst gegebenen Ziel, die Preise stabil zu halten, diese Signalwirkung überhaupt nicht zu. Was sie zu erreichen sucht, ist, den Schein von Preisstabilität zu erzeugen und über den permanenten Kaufkraftverlust unseres Papiergeldes hinwegzutäuschen.

Nebenbei bemerkt: Die Zukunft ist *immer* unsicher, nur manchmal eben mal mehr und mal weniger. Nur darum ist es überhaupt erforderlich, Geld zu halten.

Wir hoffen, dass es uns bereits in diesem ersten Kapitel gelungen ist, Sie zum Hinterfragen von Gewohntem zu bewegen.

Wir fassen zusammen:

Einigen sich Menschen ohne staatlichen Zwang freiwillig, welche Ware sie als Tauschmittel verwenden möchten, entsteht in einem wettbewerblichen Prozess *gutes Geld*, ein allgemein akzeptiertes Tauschmittel. Staatliches Geld, das von den Menschen unter Zwang verwendet werden muss und dessen Menge beliebig verändert werden kann – zumeist wird es vermehrt –, ist *schlechtes Geld*. Wir wollen die Worte Friedrich August von Hayeks hier wiederholen: Die Geschichte des staatlichen Umgangs mit Geld ist eine Geschichte von unablässigem Lug und Betrug. Wie wahr!

2. Wer Geld schaffen darf und wer nicht

Die Politiker lieben das »easy money«, weil sich der Staat und seine Machtelite damit beliebig verschulden können, ohne jemals an eine Rückzahlung denken zu müssen.

Roland Baader

Nachdem nun geklärt ist, *was* Geld ist, können wir uns mit der Frage beschäftigen, *wie* Geld entsteht. Interessieren dürfte Sie auch, wer heute Geld produzieren darf und wer nicht. Und wie das Ganze im System verborgen ist. Bereits in der Einführung haben wir erwähnt, dass sich die Geldmenge M2 seit Einführung des Euro in etwa verdoppelt hat. Wenn wir schreiben »seit Einführung des Euro«, dann lässt das auf den ersten Blick vermuten, die Geldmenge würde erst ausgeweitet, seit es den Euro gibt. Das ist ein Irrtum. Auch zu Zeiten der Deutschen Mark wurden die Geldmengen ausgeweitet. Allerdings wuchsen die Geldmengen gewöhnlich nicht ganz so schnell, wie das in den vergangenen Jahren der Fall war.

Aber wie vermehrt sich die Geldmenge überhaupt? Im ersten Schritt wollen wir die sogenannte natürliche Geldproduktion betrachten. »Natürlich« ist in dem Sinne zu verstehen, als die Geldmenge in einem reinen Warengeldsystem – beispielsweise im Falle von Gold und Silber – nur um die Menge neu und frei geförderten Edelmetalls wächst. Denn jeder darf im freien Markt nach Gold und Silber suchen. Da das Aufspüren von gold- und silberhaltigen Gesteinsschichten schon immer sehr aufwendig war und es heute noch ist, vom Herauslösen der Edelmetalle ganz zu schweigen, waren die Wachstumsraten der Edelmetall-Geldmengen historisch schon immer sehr niedrig. Gerade diese Knappheit machte aus Gold und Silber ja so exzellente Tauschmittel.

Die Produktion und Aufbereitung der Edelmetalle wurde in der Vergangenheit stets von Goldschürfern und Goldschmieden übernommen. Unter dem Aspekt, dass Geld ein Gut ist, eben das Gut mit der besten Absatzfähigkeit, haben Goldschürfer und Goldschmiede nichts anderes getan, als ein Gut herzustellen. Gegen diese Form der Geldproduktion gibt es – wie gegen jede andere nicht eigentumsverletzende Güterproduktion – rein gar nichts einzuwenden. Sollte es in einem auf Edelmetallen basierenden Geldsystem jemandem gelingen, beispielsweise künstliches Gold auf synthetischem Wege herzustellen, und es käme auf diesem Weg zu einer deutlichen Ausweitung der Gold- und somit der Geldmenge, würden die Marktteilnehmer mit hoher Wahrscheinlichkeit von Gold abrücken und sich einem *anderen* Geld zuwenden. In einem freien Markt, in dem sich Menschen ohne jeden Zwang und ohne staatliche Eingriffe auf *ihr* Geld einigen, wäre dies ein völlig normaler und gewinnbringender Prozess.

Kehren wir zunächst wieder gedanklich zurück in unsere kleine Stadt. Mittlerweile hat es dort beim Tauschmittel Gold Verbesserungen gegeben. Ein Goldschmied hatte erkannt, wie beliebt die Goldplättchen als Zahlungsmittel geworden sind, und kam auf die Idee, die Goldplättchen der Marktteilnehmer einzuschmelzen und daraus Münzen zu prägen. Um die durch den Einsatz von Gold wesentlich einfacher gewordenen Tauschgeschäfte noch weiter zu vereinfachen, prägte er Münzen mit den Gewichtseinheiten 1 Gramm, 5 Gramm, 10 Gramm, 50 Gramm und 100 Gramm. Von den Menschen verlangte der Goldschmied für seine Arbeit eine Prägegebühr.

Die Menschen in unserer Stadt haben sich mittlerweile daran gewöhnt, mit Gold ihre Handelsgeschäfte abzuwickeln. Sie schätzen es sehr, ihre Waren nicht mehr *direkt*, sondern *indirekt* über Goldmünzen zu tauschen. Der Tauschhandel hat deutlich zugenommen, und alle sind deutlich wohlhabender geworden.

Das einzig Störende ist, dass alle stets ihr Gold zu Hause herumliegen haben. Es ist schon vorgekommen, dass jemand sein Gold verloren hat. Und es gab schon Einbrüche. Bis einer der Marktteilnehmer – wir wollen ihn einfach A nennen – eine Geschäftsidee hat, nämlich eine Dienstleistung anzubieten, mit der genau diese Probleme gelöst werden können. A bietet den Menschen an, ihr Gold sicher aufzubewahren. Er lässt in seinen Geschäftsräumen einen Tresor einbauen und jedem, der ihm sein Gold zur Verwahrung anvertraut, stellt er einen Lagerschein aus, auf dem die genaue Goldmenge vermerkt ist. Durch die Lagerung in einem großen Gemeinschaftstresor kann er die sichere Aufbewahrung auch recht günstig anbieten. Für seine Dienstleistung stellt er eine Lagergebühr in Rechnung.

Die Menschen sind bereit, diese Gebühr zu entrichten, müssen sie doch künftig nicht mehr ständig ihr Gold bei sich zu Hause lagern. Die Risiken, es zu verlieren oder Opfer eines Diebstahls zu werden, verringern sich. Der Lagerschein lässt sich leichter verstecken. Natürlich kann jeder jederzeit zu A gehen und sich wieder die entsprechende Menge Gold aushändigen lassen. Eine einfache und geniale Idee.

Absolute Voraussetzung ist natürlich: A muss das Vertrauen der anderen Marktteilnehmer genießen, sein Ruf muss über jeden Zweifel erhaben sein. Einem Halunken würde niemand sein Gold anvertrauen. Würden Sie Ihr Geld zu einer Bank bringen, der Sie nicht vertrauen?

Das Geschäftsmodell von A funktioniert. Viele Menschen bringen ihr Gold zur Verwahrung und nehmen ihre Lagerscheine in Empfang. Sobald sie einen Kauf tätigen wollen, holen sie ihr Gold ab. Denn die Verkäufer wollen keinen Papierschein, sondern wahres Gold haben. Sie trauen dem Braten (noch) nicht. Der Verkäufer trägt es dann wieder zur Verwahrung zu A und erhält seinerseits einen Lagerschein. Nach und nach beginnen die Verkäufer jedoch auch die Lagerscheine selbst als Zahlung zu akzeptieren und tauschen sie bei A gegen Gold ein. Da A immer liefern kann, sparen sie sich schließlich sogar den Eintauschweg. Die Scheine beginnen zu kursieren und dienen bald statt des Goldes selbst als Zahlungsmittel (= Geld). Denn jeder der Marktteilnehmer weiß, dass er jederzeit mit einem Lagerschein zu A gehen kann und die Einlösung in Gold fordern kann.

A ist natürlich aufgefallen, dass kaum ein Marktteilnehmer seinen Lagerschein in Gold einlöst. Der allergrößte Teil des Goldes liegt stets im Tresor. A überlegt nun, ob und wie er diese Tatsache zu seinem Vorteil nutzen könnte. Seine Überlegung: Er könnte ins Darlehensgeschäft einsteigen. Nehmen wir an, der Spielwarenhändler S hinterlegt bei A 100 Gramm Gold. S erhält dafür einen Lagerschein über 100 Gramm Gold. A erliegt nun der Versuchung und verleiht 90 Gramm des Goldes von S in bar an den Häuslebauer H. BUMM! Haben Sie es gemerkt? Ein beinahe transzendentaler Akt. In diesem Moment ist aus dem Nichts *neues Geld* entstanden. Bevor S sein Gold hinterlegte, waren es 100 Gramm Gold. Nun hat S einen Lagerschein über 100 Gramm Gold. Er glaubt – vollkommen gerechtfertigt –, dass er über 100 Gramm Gold verfügt. Denn der Lagerschein ist in seinen Augen und denen der Marktteilnehmer so gut wie Gold – es ist ja ganz sicher in As Tresor verwahrt und immer eintauschbar. Er wird den Lagerschein auch eventuell für Käufe verwenden. Gleichzeitig verfügt H über 90 Gramm Gold in bar. Beide zusammen glauben mit gutem Recht, über 190 Gramm Gold zu verfügen und handeln dementsprechend. Die Geldmenge ist in diesem Augenblick um 90 Prozent gestiegen! Das Geldschaffen wird noch deutlicher, wenn wir uns vorstellen, dass A das Darlehen nicht in physischem Gold auszahlt, sondern einfach einen zusätzlichen (gefälschten) Lagerschein über 90 Gramm ausstellt. Der Effekt ist derselbe.

Der neue Geschäftsbereich von A hat schnell Erfolg. Seine Darlehensangebote werden von den Marktteilnehmern gerne angenommen. Um zuvor ein Darlehen zu bekommen, musste ein anderer bereit sein, eine bestimmte Zeit auf sein Gold beziehungsweise seinen Lagerschein zu verzichten. Das ist ab sofort nicht mehr nötig. Die Lagerscheine entstehen ja quasi aus dem nichts. Außer Papier und etwas Tinte braucht A nichts zu deren Herstellung. Welch ein geniales Geschäftsmodell! A stellt Lagerscheine aus dem Nichts her, vergibt diese als Darlehen, die sogar teilweise mit physischem Gold zurückgezahlt werden, und am Ende streicht er noch Zinsen dafür ein.

Er muss nur aufpassen, nicht zu viele Darlehen zu vergeben. Warum? Die Marktteilnehmer könnten sonst Verdacht schöpfen und merken, dass immer mehr Lagerscheine im Umlauf sind. Und bestimmt wissen Sie schon, was dann passieren könnte. Die Menschen würden das Vertrauen in A verlieren und dann – genau. Das berühmte Wort mit den drei Buchstaben, nach dem mit der Vorgabe von »Bankansturm« in fast jedem Kreuzworträtsel gefragt wird: *RUN*. Die Menschen würden zu A *rennen*, um ihre Lagerscheine in physisches Gold umzutauschen. Klar ist auch, dass die Letzten von ihnen leer ausgehen würden, schließlich sind ja nur noch Teile der Lagerscheine mit Goldreserven hinterlegt.

Die logische Folge aus den Geschäften von A: *Die Geldmenge steigt*. Zum einen kursieren die Lagerscheine, die ursprünglich gegen die Hinterlegung von Gold ausgestellt wurden. Hinzu kommen nun die zusätzlich im Moment der Darlehensgewährung ausgestellten Lagerscheine. Die Konsequenzen hieraus werden uns später noch beschäftigen.

Jedenfalls ist eines klar festzuhalten: Die von A betriebenen Darlehensgeschäfte stellen einen Missbrauch der ihm von seinen Kunden anvertrauten Werte dar. Er bedient sich des Eigentums anderer und verletzt dadurch deren Eigentumsrechte. Sein Verhalten ist schlicht und einfach kriminell.

Sie haben sicher bemerkt, dass die Geschäfte, die A betreibt, den Geschäften unserer Banken heute durchaus ähnlich sind. Man kann sogar sagen, dass das Unternehmen von A eine Bank ist. Einlagen annehmen und daraus Darlehen vergeben, das sind die wesentlichen Merkmale einer Bank.

Bestimmt haben Sie auch bemerkt, dass sich bis hierher immer noch kein Staat und immer noch keine Regierung in das Geld-Geschehen eingemischt und in irgendeiner Weise mitgewirkt haben. Noch nicht. Doch beobachtet hat man das Geschehen schon.

Warum und vor allem *wie* haben sich aber nun Staaten und Regierungen im Laufe der Geschichte die Geldproduktion Schritt für Schritt zu eigen gemacht? Das *Warum* ist schnell geklärt. Wir haben es bereits im ersten Kapitel erwähnt: *Sparen* ist bei Politikern unbeliebt, eher das Gegenteil ist der Fall. Wer die Bevölkerung bei Laune halten, Stimmen kaufen oder Wahlversprechen einhalten will, der muss viel Geld in die Hand nehmen. Aber woher nehmen? Steuern sind nicht gerade beliebt. Zeigen sie doch, dass Staatsausgaben und Wahlgeschenke auch Kosten verursachen und nicht vom Himmel fallen. Was würde sich zur Lösung von Geldproblemen also besser eignen, als selbst an der Produktion von Geld beteiligt zu sein?

Das *Wie* zu klären, dauert kaum länger. Für einen Staat, der auf seinem Territorium quasi der Entscheider der letzten Instanz ist, ist es relativ einfach, die bankwirtschaftliche Geldproduktion zum eigenen Vorteil zu missbrauchen. Stellen wir uns vor, A hat es mit der Überausgabe von Lagerscheinen überreizt. Nach einer Boomphase kommt es zu einer Flaute. Mehrere Darlehensnehmer können ihre Kredite nicht mehr bedienen. Die Leute beginnen an der Solvenz von A zu zweifeln und ihre Scheine in Gold einzutauschen. Sein Goldtresorraum leert sich. Immer schneller. Aus einem Rinnsal wird ein reißender Fluss. A muss die Auszahlungen schließlich einstellen. Die Kunden sind empört und bringen ihn vor Gericht. Im Prozess entscheidet der in der fernen Hauptstadt residierende König. Das Vergehen sei gar nicht so schlimm. Seine Kunden könnten sich doch ein wenig gedulden. Nach und nach werde A das Geld schon zurückzahlen. Die Kunden sind erzürnt, aber A bleibt im Geschäft. Nach und nach erholt sich die Wirtschaft und A erhält sogar neue Goldzuflüsse. Er überlegt sich gerade, ob er es wieder wagen soll, Darlehen durch Ausstellen neuer, ungedeckter Lagerscheine zu vergeben, als der König anfragen lässt, ob er nicht ein zinsgünstiges Darlehen erhalten könne. Der Krieg zur Verteidigung des Landes ist schließlich teuer. Natürlich kann A da nicht nein sagen und gibt dem König ein Darlehen, indem er Lagerscheine fälscht. Und so beginnt das Spiel von Neuem. Es entwickelt sich eine unheilige Allianz zwischen Staat und Bankensystem. Der König verteidigt die Rechte der Bankkunden nicht, sondern erlaubt A sogar, Geld aus dem Nichts zu schaffen. Im Gegenzug landet ein Großteil des neu geschaffenen Geldes beim König, beim Staat.

Zur Illustration sollen hier nur zwei kurze Beispiele aus der Geschichte Erwähnung finden. Eine berühmte Bank, die keine Teilreservebank war, war die *Bank von Amsterdam*, gegründet im Jahr 1609. Rund 170 Jahre lang waren dort alle Kundeneinlagen stets einhundertprozentig gedeckt – voll mit Gold hinterlegt. Theoretisch hätten alle Kunden der Bank von Amsterdam zeitgleich auftauchen und ihre Einlagen zurückfordern können. Ein Bank-Run wäre hier gar kein Problem gewesen. Die Bank genoss unter den Anlegern höchstes Vertrauen. Bis in den 1780er-Jahren, wie könnte es anders sein, die Stadt Amsterdam Geld benötigte, um ihre Ausgaben im Vierten englisch-niederländischen Krieg zu decken und die Bank aufforderte, der Stadt Teile der Reserven, also der Kundeneinlagen, als Darlehen zu geben.

Das zweite Beispiel ist die *Bank von England*, die im Jahr 1694 rein zum Zwecke der Finanzierung von öffentlichen Ausgaben gegründet wurde. Auch hier kam es, wie es kommen musste. *Die Bank von England brach schließlich dennoch zusammen – trotz ihrer privilegierten Rolle als Bank der Regierung, ihres Monopols der begrenzten Haftbarkeit in England und ihrer exklusiven Berechtigung zur Notenausgabe.* So ist es in der Studie *Geld, Bankkredit und Konjunkturzyklen* des Wirtschaftswissenschaftlers Jesús Huerta de Soto nachzulesen.

Bei diesen Beispielen aus der Geschichte ist allerdings ein wesentlicher Unterschied zum heutigen Bankwesen zu beachten. Auch wenn nur Teile der Einlagen als Reserve zurückbehalten wurden, bestanden diese damals noch aus Gold. Somit waren der Geldschöpfung aus dem Nichts zumindest natürliche Grenzen gesetzt. Ein Geldschein verkörperte quasi einen Anspruch auf Einlösung in echtes Geld, also Edelmetalle. Kam es zum Bank-Run, musste Gold vorgelegt werden, ansonsten drohte der Zusammenbruch. Und Gold kann man nicht drucken. Die Gefahr des Goldabflusses war somit eine wichtige Bremse für die Geldproduktion aus dem Nichts. Als Bank durfte man es nicht zu bunt treiben, denn die Kunden konnten jederzeit die Einlösung in Gold fordern. Den Anspruch auf Edelmetallauszahlung gibt es heute nicht mehr. Wenn Sie sich kurz an die Rede von Bundesbank-Präsident Jens Weidmann erinnern: *Heutiges Geld ist durch keinerlei Sachwerte mehr gedeckt. Banknoten sind bedrucktes Papier – die Kenner unter Ihnen wissen, dass es sich im Fall des Euro eigentlich um Baumwolle handelt.*

Nur schnell mal zwischendurch: Gönnen Sie sich doch mal den Spaß und schicken Sie einen 5-Euro-Schein an die Europäische Zentralbank. Legen Sie einen netten Brief bei und bitten Sie um Einlösung des Geldscheines. Wenn Sie überhaupt Antwort bekommen, dann wird man Ihnen einen ebenfalls netten Brief zurücksenden, beigefügt einen *anderen* 5-Euro-Schein, als Einlösung.

Die Geschichte jedenfalls nahm ihren Lauf, und Sie können nun auch Hayeks Aussage verstehen, dass die Geschichte des staatlichen Umgangs mit Geld eine Geschichte von unablässigem Lug und Betrug ist.

Die Ursprünge der sehr innigen Komplizenschaft von Staat und Bankwesen, zu beiderseitigem Nutzen, einer Symbiose gleich, liegen lange zurück. So weit zurück, dass mittlerweile mehrere Generationen kein anderes Geldsystem als das jetzige kennen und daher auch keine Zweifel an dessen Berechtigung hegen.

Diese Erkenntnisse hat Ludwig von Mises bereits 1940 in seinem Werk *Nationalökonomie* dargelegt:

> *Der Grundzug der Bankpolitik [der Regierungen] war nicht Beschränkung, sondern Förderung der Umlaufsmittelausgabe* [Anmerkung: mit Umlaufsmittel meint Mises die Lagerscheine aus unserem Beispiel, die durch Kreditvergabe in Umlauf kommen]. *Man hat Banken privilegiert, weil man zur Verbilligung des Kredits die Grenzen, die die Bankfreiheit der Kreditausweitung setzt, hinausverlegen wollte, oder weil man für die Staatskassen unmittelbare Vorteile erlangen wollte.*

Die Regierungen selbst haben als »Letztentscheider« Gesetze erlassen, um genau *die* Geschäfte, die wir in unserer Geschichte bei Goldaufbewahrer A als glasklaren Betrug erkannt haben, zu legitimieren. Im Gegenzug erklärten sich die Banken bereit, mit dem aus dem Nichts, in Form von Kredit entstehenden Geld zur Finanzierung der Staatsausgaben und der Staatsdefizite beizutragen.

Letztlich war die Einführung von Papiergeld ein wesentlicher Faktor, dass Regierungen sich Schritt für Schritt die Herrschaft über das Geldwesen aneignen konnten. War es früher eine Aufgabe von privaten

Goldschmieden, Gold- oder Silbermünzen zu prägen, erzwang sich der Staat das Monopol hierauf. Private Geldanbieter wurden mehr und mehr aus dem Markt gedrängt, notfalls per Gesetz.

Und um noch mehr Geld schöpfen zu können, wurde die Bindung von Geld zu Gold immer mehr gelockert. Die Leute wurden vom Bargoldgebrauch entwöhnt. Durch gezielte Gesetze und Anreize wurde der Notenumlauf gefördert, der Eintausch in Gold immer weiter erschwert. Die Menschen gewöhnten sich nach und nach an das Papier. Gegen Ende des Zweiten Weltkriegs im Jahr 1944 hatte man zunächst noch das System von Bretton Woods geschaffen. Ein US-Dollar stellte für eine ausländische Notenbank einen Herausgabeanspruch von 1/35 Unze Gold dar. Privatpersonen hatten indes keinen Anspruch darauf, in Gold ausgezahlt zu werden. Man bezeichnete dieses System auch als Gold-Devisen-Standard. Doch es hatte lediglich Bestand bis zum Jahr 1971, wir erwähnten das bereits im ersten Kapitel. Und warum konnte es nicht aufrechterhalten werden? Weil wieder einmal Politiker deutlich mehr Geld ausgegeben hatten, als ihnen zur Verfügung stand. Selbst die winzige und indirekte Goldbindung im Bretton-Woods-System beschränkte die Politiker noch zu sehr in ihren Ausgabenorgien. Also musste sie weg.

Seit 1971 leben wir weltweit in einem reinen Papiergeldsystem, in dem Geld theoretisch ohne jegliche Begrenzung vermehrt werden kann. Bei einem Bank-Run stellen begrenzte Goldreserven jetzt kein Problem mehr dar. Man druckt jetzt einfach unbegrenzt neues Geld. Wie schön wäre es doch, wenn wir alle bei diesem Spiel mitspielen dürften. Doch Staat und Banken sind Spielverderber, und wir müssen draußen bleiben.

Die Notenbanken werden gerne auch als *lender of last resort*, also als *Kreditgeber* (oder auch *Retter*) *der letzten Instanz* bezeichnet. Ein Retter in der Not, der einspringt, wenn die Banken in Not geraten, beispielsweise, wenn zu viele Kunden zur gleichen Zeit ihre Einlagen abheben möchten. Im Falle der im Jahr 1913 gegründeten Amerikanischen Notenbank wurde der Retter letzter Instanz auf Betreiben der Banken installiert. Denn die Bankiers sind ja nicht dumm. Sie wissen, dass bei einem Bank-Run ohne Notenbank das lukrative Spiel aus ist. Daher liegt es in ihrem Interesse, dass es eine Notenbank gibt. Und es ist gut zu wissen, dass eine Notenbank unbegrenzt Liquidität bereitstellen kann, wenn Probleme sich abzeichnen. Derart abgesichert können die Banken noch aggressiver neues Geld schaffen.

In einer wettbewerblichen Geldordnung, bei der der Staat seine Hände nicht im Spiel hat, wäre eine Notenbank übrigens völlig überflüssig.

Sie wissen jetzt, *wie* und *warum* sich Regierungen auf der ganzen Welt dieses geradezu geniale Geschäftsmodell, *neues* Geld aus dem Nichts entstehen zu lassen, angeeignet und kopiert haben. Sie haben per Gesetz das Geldmonopol an sich gerissen und genießen nun, gemeinsam mit dem gesamten Bankensystem, die Vorteile des Geldschöpfens und Gelddruckens. Was halten Sie von dem Monopol? Dürfen Sie Geld drucken und davon Vermögenswerte kaufen? Nein, aber die Zentralbank macht's. Dürfen Sie Geld am Computer schaffen und anderen auf ihren Konten gutschreiben und dafür Zinsen kassieren? Nein, aber die Banken dürfen's. Wieso dürfen die das und wir nicht? Halten Sie das für gerecht? Kann eine gerechte Gesellschaft auf so einem System basieren? Das Nachdenklichmachende ist, dass das gar keinen aufzuregen scheint. Die Leute demonstrieren eher für einen Krötenbahnübergang als für ein privates Geldsystem. Bis jetzt zumindest.

Jetzt aber wollen wir ganz konkret untersuchen, wie im Bankensystem Geld entsteht.

Machen Sie bitte bei Gelegenheit doch mal einen Test und fragen Sie einen Freund oder einen Bekannten, ob er weiß, wo die permanent steigenden Geldmengen herkommen. Die Antwort, die Sie erhalten werden, wird mit fast hundertprozentiger Sicherheit lauten: »Die Notenbank druckt das Geld« oder »Das Geld wird von der EZB gedruckt«.

Die Antwort ist ja sogar teilweise richtig. Es stimmt, die Notenbanken drucken Geld. Allerdings kaum noch in Papierform, wie man es von Bildern aus Zeiten der Weimarer Hyperinflation 1923 kennt, wo die Menschen Geldbündel mit Schubkarren durch die Gegend fuhren. Notenbanken lassen Geld heute vielmehr elektronisch entstehen, quasi in Form von Bits und Bytes, das ist schließlich noch billiger. Dafür braucht es nicht mal mehr Papier und Tinte, wie bei A in unserer kleinen Stadt. Die Notenbanken verwenden dieses elektronische Geld, um es in das Bankensystem fließen zu lassen, zur Unterstützung des Kreditgeschäftes oder Verbesserung der Liquidität, wie dann in offiziellen Presseerklärungen verlautet.

Notenbanken schaffen Geld hauptsächlich aus zwei Gründen. Einmal, um das Bankensystem zu retten, das ja auch die Politik indirekt finanziert, und zweitens, um den Staat ganz direkt zu finanzieren. Dies geschieht, wenn Notenbanken direkt die Anleihen, also die Schulden des Staates abkaufen. Die Regierung bekommt dann eine Überweisung direkt in die Staatskasse, dafür wandern Staatsanleihen zur Notenbank. Das Geld stammt direkt aus der Notenpresse, also genauer aus dem Computer.

In der Fachsprache heißt das übrigens »monetisieren«. Das klingt furchtbar vornehm, aber besser wird es dadurch nicht: Regierungen beauftragen ihre Notenbank mit dem Drucken von Geld, lassen sich dieses Geld anschließend überweisen und kaufen damit alles Mögliche: iPads für Abgeordnete, eine neue Luxuslimousinen-Flotte für den Fahrdienst des Bundestages oder sie retten irgendwo irgendein Land vor dem Bankrott mit dem Argument, dies sei alternativlos.

Die allermeisten Menschen glauben, dass neues Geld *nur* bei den Notenbanken entsteht. Das ist ein Irrglaube. Im Gegenteil, der weitaus größte Anteil des Geldmengenwachstums findet im Bankensektor selbst statt, auch bei Ihrer Sparkasse oder Genossenschaftsbank um die Ecke.

Deshalb der nächste Test, gerne wieder anzuwenden bei jemandem, den Sie kennen. Mit sehr hoher Wahrscheinlichkeit wird sich folgende Konversation ergeben:

> »Was macht eigentlich deine Hausbank mit dem Geld, das du auf dem Girokonto hast?«
> »Die arbeitet damit.«
> »Ja, aber was macht die Bank *genau*?«
> »Die legt es an.«
> »Ok, aber *wie* legt die Bank das Geld an?«
> »Weiß ich nicht.«
> »Warum steht das Geld denn noch auf deinem Konto, wenn die Bank damit arbeitet?«
> »Weiß ich auch nicht.«
> »Du hast dein Geld auf dem Girokonto. Warum auf dem Girokonto?«
> »Weil ich es vielleicht kurzfristig wieder benötige.«
> »Ist es denn in Ordnung, wenn deine Bank mit deinem Geld arbeitet, was auch immer sie damit anstellt, wenn du es vielleicht kurzfristig wieder benötigst?«
> »Eigentlich nicht, ist mir aber egal, solange ich es jederzeit holen kann.«

Angesichts solcher Unklarheiten wird es höchste Zeit, reinen Tisch zu machen. Wir leben in einem Teilreserve-Banksystem. Das bedeutet, Ihrer Bank ist es von höchster Stelle, also staatlich per Gesetz erlaubt, Ihr Geld zu *verleihen*. Sie muss lediglich die sogenannte *Mindestreserve* vorhalten, und die liegt – halten Sie sich fest – bei 1 Prozent. In Worten: ein Prozent. Wir nehmen an, Sie haben 10.000 Euro in bar auf Ihrem Girokonto, auf Ihrem Tagesgeldkonto oder Festgeld eingezahlt, das spielt keine Rolle. Ihre Bank darf hiervon theoretisch 9.900 Euro ausleihen. Lediglich 100 Euro muss Ihre Bank als sogenannte *Reserve* in bar vorhalten oder auf einem Konto bei der Notenbank parken. Die Bank handelt also genauso wie A in unserer Stadt, der jedoch eine zehnprozentige Reservequote vorhielt, als er von 100 Gramm Gold 90 Gramm als Darlehen verlieh.

Jetzt können Sie natürlich gerne wieder einwenden: »Das ist mir egal, solange ich es jederzeit abheben kann.« Lassen wir das zunächst einfach unkommentiert so stehen. Es wird Ihnen, wenn Sie dieses Buch zu Ende gelesen zu haben, sicher nicht mehr egal sein.

Nehmen wir nun an, dass Ihre Bank 7.000 Euro der 10.000 Euro auf Ihrem Girokonto an Ihren Nachbarn verleiht. Der unterschreibt einen Darlehensvertrag bei der Bank und schaut am nächsten Tag am Kontoauszugsdrucker nach, ob man ihm das Darlehen schon gutgeschrieben hat. Sie treffen ihn zufällig im Foyer der Bank. Er hat seinen Kontoauszug bereits ausgedruckt, das Darlehen wurde ihm auch schon gutgeschrieben und sein Kontostand beträgt 7.000 Euro. Sie drucken Ihren Kontoauszug ebenfalls aus, auf Ihrem Konto befinden sich nach wie vor 10.000 Euro. Wäre das Geld nicht mehr in Gänze da, würden Sie auch sofort protestieren, oder? Addieren Sie jetzt bitte, das ist schnell gemacht, 7.000 Euro plus 10.000 Euro. Das sind zusammen 17.000 Euro. Bevor Ihr Nachbar seinen Darlehensvertrag mit der Bank abgeschlossen hatte, existierten aber nur *Ihre* 10.000 Euro.

Sie geben sicher zu, dass nun völlig zu Recht die folgende Frage gestellt werden darf, ja gestellt werden muss: Woher stammen die 7.000 Euro, die es kurz zuvor noch gar nicht gab? Die Antwort ist so kurz wie unglaublich: *aus dem Nichts.*

Sie sind gerade eben wieder Zeuge geworden, wie *neues* Geld erschaffen wurde. Welch ein ergreifender Moment.

Sie wissen jetzt, *wie* Geld entsteht, und können verstehen, warum unser Papiergeld *Fiatgeld* oder auch *Fiatmoney* genannt wird. Die Lateiner unter Ihnen – und das kleine Latinum reicht hierfür vollkommen aus – haben natürlich schon übersetzt. Fast jeder kennt den kurzen, aber bedeutungsvollen Satz aus der Bibel, als Gott die Erde erschuf: *Fiat lux*, was übersetzt heißt: *Es werde Licht. Fiatgeld – es werde Geld.*

Sie können an dieser Stelle noch nicht abschätzen, welche bedeutsamen, natürlich negativen Auswirkungen dieser Geldschöpfungsvorgang auf die Kaufkraft Ihres Einkommens, Ihr Vermögen, somit auf Ihr Leben und, weil Sie nicht alleine auf dieser Welt sind, letztlich auf die ganze Gesellschaft hat. Aber Sie werden es in diesem Buch erfahren. Versprochen ist versprochen.

Glauben Sie eigentlich, das Spiel sei hier zu Ende? Keineswegs. Kommen wir noch einmal kurz auf den neuen Kontostand Ihres Nachbarn zu sprechen: 7.000 Euro. Wovon wir ausgehen können, ist, dass er von diesem Geld sicherlich eine Anschaffung tätigen wird. Einen Kredit aufzunehmen, um das Geld anschließend auf dem Konto stehen zu lassen, ist eher unwahrscheinlich. Er hat also eine Anschaffung getätigt, etwa sich eine neue Küche einrichten lassen, und wird das Geld an den Verkäufer überweisen. Das Geld landet schließlich auf dem Girokonto des Kücheneinrichters. Bei der gleichen Bank oder bei einer anderen Bank, das spielt überhaupt keine Rolle. Jedenfalls kann der Geldschöpfungsakt hier neu beginnen. Nehmen wir an, von den 7.000 vom Kücheneinrichter eingezahlten Euro verleiht die Bank nun 5.000 Euro an einen Autokäufer, dem es auf seinem Girokonto gutgeschrieben wird. Rechnen wir nun wieder zusammen: Auf Ihrem Kontoauszug stehen unvermindert 10.000 Euro, auf dem Konto des Kücheneinrichters stehen 7.000 Euro und auf dem des Autokäufers stehen 5.000 Euro. Wird der Autokauf getätigt und zahlt der Verkäufer bei seiner Bank die 5.000 Euro ein, kann das Spiel in die nächste Runde gehen. Nehmen wir weiter an, die Bank des Autoverkäufers gibt einen Konsumentenkredit über 3.000 Euro an einen Kunden, der sich einen neuen Fernseher kaufen möchte. Nach dem Kauf zahlt der Fernsehverkäufer den Betrag auf seinem Girokonto ein. Nun stehen auf den Girokonten schon 10.000 plus 7.000 plus 5000 plus 3000 Euro. Aus 10.000 Euro sind 25.000 Euro geworden. Und wir könnten die Reihe hier noch weiter fortführen. Aber das dürfte nicht nötig sein. Wir wollen ja nicht Ihre und unsere Zeit verschwenden. Sie sehen schon, dass die Reihe noch eine ganze Zeit weitergeht, aber dass die Beträge immer kleiner werden.

In unserem Beispiel haben wir relativ hohe Reservequoten angenommen. Von den 10.000 Euro werden im ersten Schritt ja nur 7.000 Euro verliehen; es gibt also eine Reservequote von 30 Prozent. Nehmen wir die in der Eurozone geltende Mindestreserve von nur einem Prozent, werden von 10.000 Euro zunächst nicht 7000 Euro, sondern bis zu 9.900 Euro, dann 9801 Euro, dann 9702 Euro und so weiter verliehen. Mathematisch handelt es sich hier um eine Reihe mit konvergenter Summe. Aus 10.000 Euro kann so im Extremfall eine Million werden. Das Bankensystem hat dann 990.000 Euro aus dem Nichts geschaffen und hält eine Barreserve von 10.000 Euro – Ihre 10.000 Euro, also ein Prozent.

Erklärt man dieses Geldsystem, wird an dieser Stelle häufig eingewendet, dass doch durch die Anschaffung oder Investition, die jemand mit dem erhaltenen Kredit tätigt, neue Güter entstehen, oder einfacher ausgedrückt »Wirtschaftswachstum entsteht«. Mag sein, jedenfalls werden wir Ihnen in diesem Buch noch beweisen, dass man nicht aus *Nichts* nachhaltigen Wohlstand schaffen kann. Ist auch schwerlich vorstellbar. Das wäre auch zu schön, um wahr zu sein. Sie können dieses »Wir-machen-Geld-aus-dem-Nichts-und-schaffen-dadurch-Wohlstand«-Modell ja mal ganz logisch zu Ende denken. Wir schaffen einfach Milliarden und Milliarden neues Geld und verteilen es an alle. Bald bräuchte niemand mehr zu arbeiten. Sie nicht, wir auch nicht. Sie wissen, dass das nicht funktionieren kann.

Bei unserem staatlich monopolisierten Zwangsgeldsystem handelt es sich um den größten Betrug der Menschheitsgeschichte. Moment, wir müssen das noch exakter formulieren: Es handelt sich um den größten Betrug an den Bürgern. Und wenn sich, wie in der Einleitung bereits erwähnt, Ihr Kontostand seit der Einführung des Euro nicht verdoppelt hat, dann gehören auch *Sie* zu den Betrogenen. *Sie* werden betrogen, indem man Sie der Kaufkraft Ihres Einkommens und Ihres Vermögens beraubt und sich damit an Ihrem persönlichen Eigentum vergreift.

Und dies geschieht im Verborgenen und verschleiert, dabei doch institutionalisiert und so komplex, dass es kaum jemand versteht. Ganz deutlich formulierte es einmal Henry Ford (1863–1947), der Gründer der Ford Motor Company: Wenn die Menschen wüssten, wie unser Finanz- und Geldsystem funktioniert, hätten wir eine Revolution, noch bevor der nächste Tag beginnt.

Wir fassen zusammen:

Unser heutiges Geld entsteht aus dem Nichts. Der weitaus größte Teil neuen Geldes entsteht nicht bei den Notenbanken, sondern im Bankensystem selbst. Unser Geld ist entmaterialisiert, es ist an nichts mehr gebunden. Die Geldproduktion ist staatlich reguliert und monopolisiert. Der Staat hat die alleinige Gewalt über die Geldproduktion. Der Staat und die ihn finanzierenden Banken sind die privilegierten Geldproduzenten.

3. Warum unser jetziges Geld »sozial ungerecht« ist

Den wenigsten Bürgern ist wirklich klar, in welchem unvorstellbaren Ausmaß sie seit Generationen durch die Kombination von progressiver Einkommensteuer und Inflation ausgebeutet und der Früchte ihrer Arbeit beraubt werden.

Roland Baader

Selten haben Definitionen zu so viel Verwirrung geführt, wie es bei den Begriffen »Inflation« und »Deflation« der Fall ist. Wir hatten ja bereits Ihre Lateinkenntnisse getestet. »Inflation« leitet sich vom lateinischen Verb »inflare« ab – was auf Deutsch »aufblähen« heißt. Und »Deflation« kommt von »deflare« und bedeutet übersetzt »abfließen«.

Sie können gerne mal den Test machen und ein paar Freunde oder Bekannte fragen, was sie unter »Inflation« verstehen. *Inflation ist, wenn alles teurer wird,* so oder so ähnlich jedenfalls wird garantiert die Antwort lauten. Nun sind Definitionen an sich nicht richtig oder falsch. Man setzt sie sich einfach, um mit ihnen zu arbeiten. Aber sie können zur Untersuchung eines Gegenstandes ungeeignet sein und sogar gezielt Verwirrung stiften.

In der Tat bezeichnete man bis weit in das 20. Jahrhundert hinein mit *Inflation* das Ausweiten der Geldmenge. Umgekehrt galt natürlich das Gleiche. Mit *Deflation* wurde das Schrumpfen der Geldmenge bezeichnet, und nicht etwa eine Phase fallender Preise. Erst mit dem Ökonom John Maynard Keynes (1883–1946) setzte sich die heutige Gleichsetzung von Teuerung und Inflation durch.

Geben Sie doch einfach selbst mal »Inflation« als Suchbegriff bei Google ein – Sie werden staunen. In den allermeisten Suchergebnissen wird der Begriff als Teuerung interpretiert. Und nicht etwa von Irgendwem. Nein, angefangen von der Website des Bundesfinanzministeriums bis hin zu Internet-Beiträgen von ARD oder ZDF, überall wird der Begriff »Inflation« mit steigenden Preisen oder Geldentwertung gleichgesetzt.

Selbst in einer Broschüre der Europäischen Zentralbank – ihr Titel »Preisstabilität: Warum ist sie für Dich wichtig?« lässt vermuten, dass sie an Jugendliche adressiert ist – heißt es: *»Inflation wird im Grunde definiert als ein allgemeiner oder breit angelegter Anstieg der Preise für Waren und Dienstleistungen über einen längeren Zeitraum hinweg, der zu einem Wertverfall des Geldes und damit zu einem Verlust seiner Kaufkraft führt.«*

Die Definition von Deflation schlägt fast überall in die gleiche Kerbe – na ja, wenigstens ist man konsequent. Die folgende Aussage findet sich ebenfalls in der eben genannten Broschüre: *»Deflation liegt vor, wenn das allgemeine Preisniveau über einen längeren Zeitraum hinweg zurückgeht.«*

Wenn so viele Menschen und sogar sogenannte Experten (und die Leute vom Bundesfinanzministerium und der EZB sind doch Experten, oder etwa nicht?) die traditionelle Definition von »Inflation« als einer Ausweitung der Geldmenge verlernt haben oder wissentlich ignorieren, ist es doch wohl angebracht, darüber zu spekulieren, ob die Bürger absichtlich auf die falsche Fährte gelockt werden sollen. Man muss zwangsläufig annehmen, dass nicht gleich jeder auf Anhieb mitbekommen soll, dass die Geldmengen laufend ausgeweitet werden. Dass alles immer teurer wird, das hinterfragt ja niemand. Das zu leugnen, gibt man sich scheinbar auch nicht so viel Mühe. Denn daran hat sich sowieso jedermann gewöhnt, und nach den wirklichen Gründen wird schon gar nicht gefragt: »Das ist einfach so. Wird ja immer alles teurer. Wisst ihr noch, wie früher die Kugel Eis 10 Pfennig gekostet hat?«, das hört man öfter mal, oder?

Durch die Definition der Inflation als Teuerung wird von den Gründen abgelenkt. Man kann den Schwarzen Peter dann viel leichter anderen zuspielen. Dann war es eben der böse kapitalistische Eisverkäufer oder die raffgierige Erdölindustrie, die die Preise erhöht haben, um sich zu bereichern.

Inflation als Teuerung zu bezeichnen ist so, als ob man ein Symptom einer Krankheit mit seiner Ursache verwechselt. Aber nicht das Fieber ist die Krankheitsursache, sondern die Viren im Körper. Genauso ist der Preisanstieg nur eine Folge der Geldmengenausweitung. Er ist noch nicht einmal eine notwendige Folge. So könnte man zu dem Fehlschluss kommen, dass, wenn es keine Teuerung gibt, alles in Ordnung sei. Weit gefehlt. Auch wenn die Preise *nicht* steigen, kann es gleichzeitig einen gewaltigen Anstieg der Geldmenge geben, der von anderen Effekten, wie einem Produktivitätsanstieg durch Innovationen oder Ausdehnung der Arbeitsteilung, kompensiert wird.

Der heute verbreitete Inflationsbegriff lenkt von dem wichtigen Phänomen der Geldmengenausweitung ab. Auch wenn die Preise nicht oder kaum steigen, zeitigen diese Geldmengenanstiege nämlich ihre typischen Folgen, auf die wir in diesem Buch noch zu sprechen kommen werden.

Warum man sich von der Inflationsdefinition – verstanden als steigende Geldmenge – abgewandt hat, dürfte jetzt klar sein. Schließlich könnte irgendwann schon der eine oder andere fragen: »Ja, wo kommt denn dieses viele Geld eigentlich her?« Es scheint wirklich so, als wolle man uns nicht gleich mit der Nase darauf stoßen. Muss ja nicht jeder wissen, dass Geld aus dem Nichts entsteht. Am Ende könnte der Bürger vielleicht sogar noch wissen wollen, warum er für sein Geld arbeiten muss, während andere es mit einem Fingerschnippen erzeugen …

Also noch mal fürs Protokoll: *Wir bezeichnen Inflation als das Ausweiten der Geldmenge; der Begriff Deflation steht für das Schrumpfen der Geldmenge. Steigende Preise sind eine Folge von Inflation und drücken sich in der vom Statistischen Bundesamt monatlich veröffentlichten Preissteigerungsrate aus. Punkt.* Zu dieser Preissteigerungsrate später einige Informationen mehr.

Für das Wachstum der Geldmenge haben sich unsere Experten bei der Europäischen Zentralbank sogar ein Ziel ausgedacht. 4,5 Prozent pro Jahr sollen es sein. Das ist der sogenannte »Referenzwert«, um den man die Geldmenge im Euroraum pro Jahr steigern möchte.

Dabei macht *mehr* Geld eine Volkswirtschaft doch gar nicht reicher. Wenn unsere Notenbankexperten das aber doch glaubten, warum sind sie dann so bescheiden und lassen die Geldmenge nicht gleich um zehn Prozent pro Jahr wachsen, oder 20 Prozent, ach was, warum denn nicht gleich um jährlich 100 Prozent? Schlagen Sie der Europäischen Notenbank doch mal vor, sie solle alle Euroscheine, Münzen und Bankguthaben einziehen und durch neue ersetzen, an die jeweils eine Null gehängt wird. So würde sich die Geldmenge auf einen Schlag verzehnfachen. Die nach mehr Geld und expansiver EZB-Politik rufenden Zeitgenossen würden frohlocken. Vielleicht würden Sie für Ihren Vorschlag sogar den Nobelpreis für Wirtschaftswissenschaften bekommen. Ein Preisgeld in Höhe von acht Millionen Schwedischen Kronen, das sind rund 915.000 Euro (beziehungsweise wären das dann sogar 9.150.000 Euro!). Stellen Sie sich das mal vor. Einen Versuch wäre es doch wert, oder?

Aber im Ernst. Wird die Gesellschaft durch den Geldmengenanstieg wirklich wohlhabender? Gibt es dann mehr reale Güter, wie Autos,

Immobilien, Lebensmittel oder Kulturangebote? Offensichtlich nicht. Das Einzige, was bei Befolgen Ihres Vorschlages passieren wird, ist, dass sich die Preise im Laufe der Zeit etwa verzehnfachen werden. Umgekehrt gilt das Gleiche. Wird auf allen Scheinen, Münzen und Bankguthaben eine Null weggestrichen, ist die Gesellschaft nicht ärmer. Reale Güter sind nicht verschwunden. Nur die Geldmenge ist auf ein Zehntel geschrumpft. Die Kaufkraft der verbleibenden Euros verzehnfacht sich.

Diese Überlegung zeigt, dass *jede* Geldmenge optimal ist, um die Tauschfunktion des Geldes zu erfüllen. Hängt man eine Null an die Scheine, verzehnfachen sich die Preise. Zieht man eine Null ab, zehnteln sie sich. Aber der Euro ist damit kein besseres oder schlechteres Geld. Mit dieser Erkenntnis lässt sich schnell mit den Irrtümern, die Geldmenge müsse sich »dem Wachstum der Gütermenge anpassen«, oder die Wirtschaft brauche »eine steigende Geldmenge zum Wachsen« aufräumen. In der Tat hängen selbst gute Ökonomen diesen Irrtümern noch an und bringen sie als Argument für eine Papiergeldwährung. Sie befürchten, dass bei einem Wirtschaftswachstum ohne (ausreichenden) Geldmengenanstieg die Produktion ins Stocken geraten könnte. Weit gefehlt. Wird mehr produziert, fallen ohne Geldmengenwachstum in der Tat die Preise. Aber für die Unternehmer ist das gar kein Problem, sie produzieren und verkaufen ja auch mehr. *Fallende Preise sind das natürliche Ergebnis von Wirtschaftswachstum.* Eine wirklich demokratische Art, den Produktivitätsfortschritt der breiten Bevölkerungsmasse zugutekommen zu lassen. Das wäre nicht mehr als gerecht, meinen Sie nicht auch? Dennoch versucht man, fallende Preise immer wieder zu verhindern. Warum nur?

Es herrscht geradezu eine »Preisdeflationsphobie«. Dabei wird übersehen, dass fallende Preise kein Problem für Unternehmen sein müssen. Entscheidend für Unternehmen ist ihre Marge, also die Spanne zwischen Einkaufs- und Verkaufspreisen. Wenn die Einkaufspreise schneller fallen als die Verkaufspreise, steigen die Margen sogar, so wie heute oftmals im Technologiesektor.

Es ist zwar richtig, dass Schuldner bei fallenden Preisen, die sie nicht vorhergesehen haben, verlieren und bei Überschuldung in Konkurs gehen können. Gesamtwirtschaftlich ist das jedoch weniger problematisch. Es kommt lediglich zu einer Umverteilung. Die Gläubiger, die die Preisentwicklung besser vorhergesehen haben, übernehmen das Unternehmen und werden neue Eigentümer. Dieser Eigentumswechsel berührt jedoch nicht die Produktionskapazität der Volkswirtschaft, denn die Fabriken, Straßen, Maschinen und Arbeiter sind ja noch da.

Eine clevere Strategie ist das: Ich beschwöre, dass fallende Preise eine Katastrophe sind – und schlage als Lösung vor … Na, Sie ahnen es schon. Richtig, eine Geldmengenausweitung. Und zwar soll das neue Geld schön zu mir wandern. Dann klappt's auch mit dem Aufschwung. Die Preissenkungsphobie soll also Inflation legitimieren. Davon profitieren Schuldner auf Kosten der Sparer und Gläubiger. Es gewinnen jene, die das neue Geld als Erste bekommen.

Damit sind wir schon bei den *Auswirkungen* von Inflation. Was bedeutet Inflation für Sie, für Ihr Einkommen, für Ihr Vermögen? Welche Auswirkungen hat Inflation auf die Einkommens- und Vermögensverteilung innerhalb einer Gesellschaft? Sie werden nun gleich verstehen, warum wir unser Buch *Warum andere auf Ihre Kosten immer reicher werden* genannt haben.

Weil Sie sich in unserer kleinen Stadt mittlerweile ja bestens auskennen – wir haben Ihnen ja schließlich schon einige Bewohner vorgestellt –, kehren wir nun auch wieder dorthin zurück.

Das Warengeld »Gold« bewährt sich hervorragend als Tauschmittel. Wir wollen annehmen, dass unser Unternehmer A völlig korrekt arbeitet, also nicht *mehr* Lagerscheine ausstellt, als sich Geld in seinem Tresor befindet. Und der König mischt sich nach massiven Protesten der Bürger auch nicht mehr in das Geldwesen ein.

Die Goldschürfer sind jeden Tag auf Goldsuche, aber die Ausbeute ist stets sehr gering. Goldvorkommen, bei denen sich der Abbau lohnt, scheint es kaum mehr zu geben. Die Geldmenge wächst deshalb nur in einem ganz geringen Ausmaß. Die Menschen in der Stadt sind fleißig, und weil die Menge der produzierten Güter beständig zunimmt, die Geldmenge aber nahezu gleich bleibt, steigt die Kaufkraft von Gold stetig an. Die Warenpreise fallen.

Fast alle sind zufrieden, nur die Goldschürfer nicht. Einige von ihnen haben sich deshalb zusammengetan und tüfteln gemeinsam an einem neuartigen Bohrgerät, mit dem sie versuchen wollen, in tiefer liegende Gesteinsschichten vorzustoßen. Eines Tages schlägt einer der Goldschürfer vor, den Bohrer mit einer speziellen Stahlspitze zu versehen, die sich auch bei härterem Stein kaum abnutzt. Erste Tests werden schon bald durchgeführt, und … es funktioniert.

Die Gruppe der Goldschürfer kann nun in wesentlich tiefere Gesteinsschichten vordringen, und siehe da, schon die ersten Bohrungen haben Erfolg. Sie stoßen auf zahlreiche Goldadern, in Tiefen, die sie zuvor niemals hätten erreichen können. Sie wissen gleich, dass sich der Abbau lohnen wird, und schon bald gelingt es ihnen, große Goldmengen zu fördern, nicht vergleichbar mit der Produktionsmenge zuvor, und nicht vergleichbar mit der Fördermenge ihrer Kollegen, die noch mit den herkömmlichen Bohrgeräten arbeiten.

Unsere Goldschürfer lassen sich von einem Goldschmied das geförderte Gold in Münzen aufbereiten und verfügen über Geldmengen, von denen sie noch vor Kurzem nicht zu träumen gewagt hätten. Sie nutzen ihre neuen Geldmittel und investieren kräftig, um ihre Produktion noch stärker ausweiten zu können. Sie erwerben große Grundstücksflächen, auf denen sie weitere Goldvorkommen vermuten. Sie kaufen weitere Maschinen wie Gesteinsmühlen, Lastkörbe, sie errichten neue Lagerhallen, erweitern ihre Produktionsstätten und stellen neue Bergleute ein. Und weil unsere Goldschürfer clevere Unternehmer sind, beginnen sie auch, in andere Branchen zu investieren, indem sie sich über Aktienkäufe an fremden Unternehmen beteiligen. In der Folge beginnen bald auch die Aktienkurse kräftig zu steigen.

Was den Goldschürfern im Moment noch nicht so richtig bewusst ist: Sie haben sich durch die enormen Goldfunde in eine überaus komfortable Lage gebracht – auf Kosten anderer. Sie können all ihre Käufe und Investitionen zu zunächst unveränderten Preisen vornehmen, weil das neue Geld *erstmals* in den Markt fließt.

Findet ein Schürfer neues Gold, so ist er als Erstempfänger ein Gewinner des Geldmengenanstiegs. Denn der Schürfer kann mit seinem neuen Gold noch zu den alten Preisen kaufen. Erwirbt er in seiner Lieblingskneipe direkt neben der Mine ein Bier, steigen daraufhin tendenziell die Bierpreise. Als Nächster profitiert der Kneipier vom Geldmengenanstieg; wenn auch etwas weniger als der glückliche Goldschürfer. Denn der Kneipier verfügt dank gestiegener Einnahmen über mehr Geld. Und er kann das Gold jetzt seinerseits ausgeben, um beispielsweise seiner Frau Rosen zu schenken. Die Rosenpreise steigen. So gelangt das neue Geld zum Blumenhändler, der es seinerseits ausgibt. Allmählich verteilt sich das Geld in der Volkswirtschaft. Die Preise ziehen an.

Genauso wie einerseits der Schürfer, der Kneipier und der Blumenhändler vom Geldmengenanstieg profitieren, gibt es zwangsläufig andere Menschen, die verlieren, da zu ihnen das Geld später gelangt. Sie müssen höhere Preise für Bier, Blumen und andere Güter bezahlen, schon bevor sich ihr Geldeinkommen erhöht – wenn es sich überhaupt erhöht. Um die Umverteilung plastisch zu machen: Das Bier, das der Spätempfänger sich zuvor noch leisten konnte und jetzt auslassen muss, trinkt jetzt der Goldsucher.

Vor fast 100 Jahren hat Ludwig von Mises die Auswirkung veränderter Geldmengen in seinem Werk *Nationalökonomie* beschrieben:

> *Jede Veränderung des Geldangebots und jede Veränderung der Geldnachfrage beeinflusst den Besitzstand der einzelnen Wirte* [mit »Wirten« meinte Mises die »Marktteilnehmer«]*; manche Wirte werden reicher, manche ärmer. [...] Wenn man auf eine Inflation eine Deflation folgen lässt, die die Preise ungefähr wieder in die Nähe der Preise bringt, die vor Auftreten der Inflation auf dem Markte gebildet worden waren, hat man die sozialen Wirkungen der Inflation nicht behoben oder rückgängig gemacht; man hat nur die sozialen Wirkungen der Deflation hinzugefügt.*

Welche Lehren lassen sich aus dem Geschehen in unserer Stadt ziehen? Die Antwort ist eindeutig: *Einkommen und Vermögen wurden umverteilt.* Die Goldschürfer wurden reicher, wogegen alle anderen, denen das Geld später zufloss, relativ zu ihnen ärmer wurden. Auch die Zweit- und Drittempfänger profitierten noch relativ. Doch irgendwann schwang das Pendel um. Die Verlierer des Geldmengenanstiegs waren diejenigen, deren Einkommen langsamer wuchs als die Preise. Die am meisten Geschädigten waren diejenigen, die als Letztes in den Genuss des neuen Geldes kamen, oder gar nichts davon abbekamen. Sie verloren absolut.

Übrigens: Was passiert, wenn sich die neue Goldader erschöpft? Oder wenn das neue Geld nicht mehr so schnell gefördert wird wie bisher? Dann sind die durch die Geldmengenförderung entstandenen Strukturen überfällig. Der Kneipier hat wieder weniger Umsatz, der Rosenhändler auch. Hat der Kneipier in der Boomzeit seine Bar erweitert, bekommt er nun Probleme, da die Schürfer als Kunden wegfallen.

Auch die neuen Bergwerke erweisen sich nun als Bauruinen – die Geisterstädte des amerikanischen Westens lassen grüßen. Nachdem die Goldvorkommen erschöpft waren, wurden die mühsam erbauten Strukturen einfach als Fehlinvestitionen abgeschrieben und zurückgelassen. Ähnliches geschieht auch im heutigen Papiergeldsystem, in dem durch die Schöpfung neuen Geldes Strukturen geschaffen werden, die nicht mit der langfristigen Nachfrage im Einklang stehen. Auch sie werden irgendwann als Fehlinvestitionen abgeschrieben – so wie die Geisterorte vor einigen spanischen Großstädten, die während der Immobilienblase hochgezogen wurden. Wird die Papiergeldproduktion gedrosselt, zeigt sich, dass viele Unternehmungen nur durch die Geldproduktion entstanden und damit andere Projekte behinderten. Doch zur Konjunkturtheorie mehr im nächsten Kapitel.

Zurück zur Inflation. Wenn die Geldmenge ausgeweitet wird – oder inflationiert wird –, ist es entscheidend, wer *zuerst* über das neu geschaffene Geld verfügen kann. Die »Erstempfänger« neuen Geldes haben klare Vorteile gegenüber dem »späteren Empfängern« und natürlich erst recht gegenüber den »Letztempfängern«. Diejenigen, die als Erste über neues Geld verfügen können, haben die Möglichkeit, noch zu unveränderten Güterpreisen zu kaufen. Das Geld breitet sich dann »step by step«, wie es Murray N. Rothbard in seinem Buch *What has Government Done to Our Money?* beschrieben hat, in der Volkswirtschaft aus und lässt die Güterpreise ansteigen.

Diejenigen, bei denen das Geld zuletzt ankommt, sind die Verlierer in diesem Spiel. Sie können nur noch zu erhöhten Preisen kaufen und bekommen immer weniger Waren für ihr Geld.

Wenn Sie Lohn-, Gehaltsempfänger oder Rentner sind, dann sollten Sie sich jetzt schon mal eher auf der Verliererseite sehen. Und nun wissen Sie auch, warum wir im Untertitel unseres Buches auf die Rolle hingewiesen haben, die unser Papiergeld dabei spielt. Bis das neu geschaffene Geld bei *Ihnen* ankommt, haben es die Erstbezieher schon längst ausgegeben und investiert. Sie haben Grundstücke und Immobilien gekauft und in Aktien investiert. Bis *Sie* an der Reihe sind, ist das Grundstück, das Sie gerne gekauft hätten, für *Sie* schon zu teuer geworden. Das Geld, das Sie vielleicht über Jahre hinweg angespart haben, reicht für den Kauf einfach nicht mehr aus. Wenn wir jetzt zynisch sein wollten, könnten wir auch sagen: *Das Grundstück ist zu groß geworden für Ihr Geld.* Aber um zynisch zu sein, sind die Auswirkungen *schlechten Geldes* viel zu schwerwiegend. Und wenn Sie sich jetzt entschließen, stattdessen eben in den Aktienmarkt zu investieren, befindet der sich vielleicht gerade auf einem Niveau, wo die »Erstempfänger« schon wieder mit dicken Gewinnen aussteigen.

Wer sind aber diese ominösen »Erstempfänger«, denen das Geld als *Erstes* zufließt? Nun, es handelt sich vorwiegend um den Staat, Banken und (Groß-)Unternehmen. Sie sind es, die *vor* Ihnen über das neu geschaffene Kreditgeld verfügen können. Es sind aber auch Kreditnehmer, die bereit sind, sich zur Anschaffung von Gütern oder zu Investitionszwecken zu verschulden und denen *neues* Geld somit *vor* Ihnen zufließt.

Jenen, die keine Verantwortung an der Konstruktion unseres Geldsystems tragen und lediglich Kredite aufnehmen, wollen wir an dieser Stelle gar keine Schuld oder Fehlverhalten zusprechen. Sie verhalten sich einfach nur rational. Sie streben danach, Gewinne zu erzielen oder ihren Besitzstand zu verbessern. Es ist die Aufgabe von Unternehmern, Produkte und Dienstleistungen her- und bereitzustellen, die von den Konsumenten gewünscht und gekauft werden. Und um das tun zu können, sind immer wieder Investitionen in Entwicklung, Produktion oder Vertrieb notwendig. Häufig fehlt hierzu das notwendige Kapital, und das macht die Aufnahme von Krediten erforderlich. Wenn ein Unternehmer nämlich nicht aufpasst und nicht konkurrenzfähig ist – und es auch bleibt – ist er mitsamt seiner Firma ganz schnell von der Bildfläche verschwunden. Dennoch hat *schlechtes Geld* auch negative Auswirkungen auf die Unternehmen. Darüber werden wir in einem späteren Kapitel noch sprechen.

Kleiner Exkurs: Den durch die Vermehrung der Geldmenge ausgelösten Effekt der Vermögensumverteilung nennt man auch *Cantillon-Effekt*, benannt nach dem irischen Bankier Richard Cantillon (1680–1734), der zu seiner Zeit die Wirkungen und Auswirkungen massiver Geldmengenausweitung quasi am lebenden Objekt beobachten konnte. Es war die Zeit, als auf Vorschlag des schottischen Finanziers John Law (1671–1729) die Geldmenge in Frankreich massiv ausgeweitet wurde, was zur Finanzblase um die französische Mississippi-Kompanie führte, die – wie alle Papiergeldblasen – am Ende natürlich platzte und zahllose Investoren in den Ruin stürzte. In der Folge galt der Begriff »Bank« eine ganze Zeit als Synonym für »Betrug«. Mehrere Jahrzehnte hatten die Menschen in Frankreich unter den verheerenden Auswirkungen von Laws Papiergeldexperiment zu leiden.

Eine spannende Zeit, in der Cantillon und Law lebten. Heute ist es ebenfalls spannend – und seien Sie sicher, es bleibt spannend und wird sicher *noch* spannender werden. Möglich, dass der Begriff »Bank« in nicht allzu ferner Zukunft erneut ähnlich negative Assoziationen auslösen könnte.

Zurück zum Thema: Weil also neu geschaffenes Geld die Marktteilnehmer nicht gleichzeitig erreicht (manche erreicht es am Ende gar nicht), wird Einkommen und Vermögen innerhalb einer Gesellschaft massiv umverteilt, und zwar tendenziell von unten nach oben. Von Lohn- und Gehaltsempfängern und Rentnern zu Staat, Banken, (Groß-)Unternehmen, Großinvestoren und zu ohnehin schon Reicheren. Denn wer schon Vermögen wie Immobilien oder Aktien besitzt, kann diese als Sicherheit für weitere Kredite anbieten, um zusätzliche Immobilien und Aktien zu erwerben. Er kommt leichter an das aus dem Nichts geschaffene neue Geld. Das Ergebnis ist einschlägig. Laut dem Vierten Armuts- und Reichtumsbericht der Bundesregierung von 2013 verfügen die unteren 50 Prozent der Haushalte nur etwa über ein Prozent des gesamten Nettovermögens, während die zehn Prozent reichsten Haushalte 53 Prozent des gesamten Nettovermögens auf sich vereinen. Oder anders: Die zehn Prozent reichsten Haushalte besitzen mehr als die anderen 90 Prozent der Haushalte zusammen. Und die Schere öffnet sich: Seit 1998 ist der Anteil der zehn Prozent reichsten Haushalte am Gesamtvermögen um acht Prozentpunkte gestiegen.

Inflation sorgt dafür, dass es zu einer ungerechten Wohlstandsverteilung innerhalb einer Volkswirtschaft kommt. Sicher fällt Ihnen auf, dass wir hier den schwammigen Begriff »soziale Gerechtigkeit« meiden. Während jeder eine klare Vorstellung davon hat, was gerechtes Handeln ist, nämlich nicht zu morden, zu betrügen und zu stehlen, ist der Ausdruck »sozial gerecht« vage. Er kann beinahe alles bedeuten. Und er wird häufig benutzt, um etwas zu legitimieren, was zutiefst ungerecht ist, beispielsweise die Enteignung rechtmäßigen Eigentums mittels Steuern. Also immer, wenn Sie »sozial gerecht« hören, schnell ein kurzer Blick, ob Ihre Brieftasche noch da ist.

Durch die Installierung und Etablierung eines staatlichen Geldmonopols ist es letztlich der Staat selbst, der eine Umverteilung zugunsten Superreicher forciert. Es profitieren aber auch alle, die das neue Geld vom Staat als Zweit- oder Drittempfänger überreicht bekommen, bevor die Preise so richtig zu klettern beginnen: zum Beispiel gerettete Banken und deren Manager, bezuschusste Stiftungen oder subventionierte Solarunternehmen – indirekt ein Heer von Staatsabhängigen. Nur der produktive, hart arbeitende und sparende Bürger schaut in die Röhre. Auf seinem krummen Rücken spielt sich die Umverteilungsorgie ab. Er merkt es nur nicht. Dem leider uninformierten, mittels staatlicher

Propaganda sogar wissensmanipulierten Bürger erzählt man natürlich, dass der böse Kapitalismus unsozial sei und dass man ihn daher selbstverständlich in die Schranken weisen müsse. Staatsgeld und staatlich privilegiertes Bankensystem sorgen also dafür, dass Superreiche immer reicher werden – und Unter- und Mittelschicht relativ verarmen. Und dann kommt – was für eine Ironie – der Staat mit seinem Schlagwort der »sozialen Gerechtigkeit«, schwingt sich zum ungebetenen Retter auf und verteilt ein wenig um. Das ist gerade so, als übertrüge man dem Brandstifter die Verantwortung, das von ihm entfachte Feuer ein wenig mit Wasser zu bespritzen. Wie der Staat die Unwissenheit der Bürger ausnutzt, auch dazu später noch mehr.

Eine durch Zwang herbeigeführte Umverteilung ist aber nicht nur zutiefst ungerecht, sie fördert auch soziale Konflikte. Überall, wo es heute soziale Konflikte gibt, liegt ein Verteilungskampf zugrunde. Entweder wollen die Verlierer der Umverteilung weniger Umverteilung, oder die Gewinner noch mehr. Am häufigsten ist jedoch der Fall: Die Umverteilung wird reduziert und die Subventionsjunkies gehen auf die Straße: Sei es wegen einer Verringerung von Agrarsubventionen oder der Arbeitslosenhilfe, der Einführung von Studiengebühren an Staatsuniversitäten oder der Kürzung von Beamtengehältern in Griechenland. Immer geht es um Umverteilung, und immer kommt es zu sozialen Konflikten. Dergleichen geschieht nicht auf dem freien Markt. Oder haben Sie schon einmal eine Massendemonstration in Berlin gesehen, weil Apple seine Preise ändert, ein neues Produkt einführt oder seine Mitarbeiter nicht die erhoffte Gehaltserhöhung bekommen? Wem Apples Strategie nicht passt, der kann einfach zur Konkurrenz abwandern. Im freien Markt sind eben alle Entscheidungen freiwillig. Erst wenn Umverteilung und Zwang ins Spiel kommen, hört die Harmonie auf. Auch die Umverteilung, die über das Geldsystem läuft, fördert Konflikte, vor allem wenn die Umverteilung offensichtlich wird, wie neuerdings durch die Eurorettungspolitik, in der vor allem die Deutschen zu den Verlierern gehören. Und die von der

Umverteilung abhängig gewordenen Südeuropäer gehen gegen eine Beschneidung ihres Wohlfahrtsstaats auf die Straße – und machen die Deutschen mitverantwortlich, weil die den Geldhahn der EZB nicht unbegrenzt öffnen wollen. Kurzum: Die Umverteilung durch das Eurosystem provoziert Konflikte zwischen den Nationen und gefährdet den Frieden in Europa.

Wir wollen nun gemeinsam überlegen, welche Auswirkungen die enormen Goldfunde der Goldschürfer in unserer kleinen Stadt haben, wenn sie auf folgendes Szenario treffen.

Einige Bürger in der Stadt sind wahre Genies. Sie haben in den verschiedensten Bereichen technologische Spitzenleistungen vollbracht. Im Bereich der Produktfertigung und Logistik gab es die meisten Fortschritte. Durch die bahnbrechende Erfindung des Rads entstanden vor allem bei Transportunternehmen viele neue, hilfreiche Anwendungen. Eine Mehrzahl der Unternehmen setzt die neu entwickelten Technologien sofort ein, wodurch sich die Produktivität in der Stadt enorm erhöht. Die Gewinne der Unternehmen steigen, weil mit weniger Aufwand deutlich mehr Güter erzeugt und Dienstleistungen angeboten werden können als zuvor.

Jetzt werden bestimmt viele Arbeitnehmer nicht mehr gebraucht und arbeitslos, werden Sie denken. Denn wenn die Unternehmen mittels neuer Technologien ihre Produktivität steigern, benötigen sie sicher weniger Arbeitskräfte. Das ist richtig. Aber heißt das, dass man deswegen keine neuen Technologien einführen darf? Entschuldigen Sie bitte. Das ist Unsinn. Überlegen Sie selbst, welche enormen technologischen Fortschritte die Menschheit in ihrer Geschichte vollbracht hat. Wenn bei jedem erfolgten Technologieschub neue, dauerhafte Arbeitslosigkeit entstanden wäre, wir hätten ganze Heere von Arbeitslosen, oder? Richtig, durch die Erfindung des Rades braucht man keine Lastenträger mehr. Aber all die jetzt benötigten Räder und Kutschen fallen ja nicht vom Himmel, irgendjemand muss sie erzeugen. Gott sei Dank *gibt* es dafür die ehemaligen Lastenträger.

Generell sind ja die Wünsche der Menschen unbegrenzt. Unzählige Wünsche müssen unerfüllt bleiben, weil es nicht genug Arbeiter gibt, weil nicht genug produziert wird. Durch die Erfindung des Rades und die Freistellung der Lastenträger können diese nun viele dieser zuvor zurückgestellten Wünsche erfüllen. Die Produktivität der Volkswirtschaft wächst, dank neuer Technologie und Kapitalakkumulation.

Durch die verbesserte Produktivität und die infolgedessen stark angestiegene Gütermenge (beachten Sie bitte: die Geldmenge bleibt noch unverändert) beginnen die Preise in der Stadt deutlich zu fallen. Die Menschen können sich nun Dinge leisten, für die zuvor das Geld nicht ausgereicht hat. Von ehemaligen Lastenträgern werden die verschiedensten Dienstleistungsbetriebe gegründet, die den Menschen Arbeiten abnehmen, die sie zuvor selbst erledigt haben und die sie von nun an von anderen erledigen lassen. Oder sie finden neue Arbeitsplätze in neu entstehenden Branchen, in denen Produkte hergestellt werden, die zuvor nicht in großem Maße produziert wurden, weil sie sich schlicht und einfach niemand leisten konnte. *Jetzt* können sich die Bewohner der Stadt deutlich mehr leisten, die Preise sind ja gefallen. Fallende Preise? Können Sie sich so etwas vorstellen?

Doch halt. Bevor die Preise zu fallen beginnen, kommen unsere Goldschürfer ins Spiel. Ja, die mit den enormen Goldfunden. So ein Mist. Wie schön hätte das ohne die Jungs sein können (auf unser heutiges Geldsystem übertragen sind das die Jungs von der EZB).

Genau wie gerade eben erklärt, strömt deren neues Geld nun zusätzlich in die kleine Stadt und … verhindert, dass die erreichten Produktivitätssteigerungen ihre preissenkende Wirkung entfalten können. Aus der Traum von »fallenden Preisen« und »sich mehr leisten können als zuvor«.

Und wieder ziehen die Goldschürfer ihre Vorteile aus der Tatsache, dass sie *zuerst* über das neu entstandene Geld verfügen können. Und wieder sind die, bei denen das Geld als Letztes ankommt, die Dummen. Nur ist es diesmal noch weniger offensichtlich. Die Preise steigen ja nicht. Die Umverteilung ist aber genauso da.

Zurück in die Realität. Ganz sicher wären in den vergangenen 30 Jahren durch technologische Neuerungen wie in der IT-Branche oder die Eingliederung Chinas und Indiens in die internationale Arbeitsteilung die Preise vielleicht 30 bis 40 Prozent oder noch mehr gefallen. Die Preise sind aber gestiegen. Können und wollen Sie sich die enorme Geldmengenerhöhung und damit die gewaltige Umverteilung, die dahinter steckt, vorstellen?

Die EZB hat tatsächlich die Stirn, voller Stolz zu behaupten, die Preise schon seit Langem nahezu stabil zu halten. So werden seit einigen Jahren regelmäßig äußerst niedrige Teuerungsraten vermeldet (für die EZB herrscht übrigens bis zu einer Teuerung von bis zu zwei Prozent(!) pro Jahr Preisstabilität – wir verkneifen uns hierzu jeden Kommentar). Die Preise wären aber ohne die immense Geldproduktion der EZB stark gefallen. Die Rate, um die die Preise aufgrund Geldmengenausweitung leider *nicht* gefallen sind, müsste man eigentlich zur vermeldeten Teuerungsrate hinzuzuaddieren. Die Teuerungsrate, die dann ausgewiesen werden müsste, läge in jedem Fall deutlich höher als die heutige. Ein Vertrauensverlust in unser gegenwärtiges Papiergeld könnte so viel schneller eintreten. Und das wollen die Fiatgeld-Profiteure natürlich unbedingt verhindern. So hat man als Parasit viel mehr von seinem Wirt. Klingt hart, oder? So ist es aber … leider.

Sie können beide Szenarien aus unserer kleinen Stadt bis auf ein paar Unterschiede eins zu eins auf unser heutiges Papiergeldsystem übertragen. Der Hauptunterschied ist klar. Er liegt darin, *wie* das neue Geld in unserer Stadt entstanden ist, nämlich durch die Goldfunde, und wie Geld heute entsteht, nämlich aus dem Nichts.

Würden die Menschen in einem Warengeldsystem – wie bei einer rein auf Gold basierenden Währung – befürchten, dass immer mehr Gold in Umlauf kommt, würden sie sich sehr wahrscheinlich bald einer anderen *Ware* zuwenden, vielleicht Silber, vielleicht Platin. Wir wollen hier gar nicht spekulieren, die Marktteilnehmer würden sich einfach im Laufe der Zeit, oder spontan, freiwillig, jedenfalls völlig ohne (staatlichen) Zwang, auf ein *anderes* Tauschmittel einigen.

In unserem heutigen, staatlichen Geldmonopol dagegen kommen die Menschen aus der Nummer leider nicht heraus. Eine Geldschwemme nach der anderen – erzeugt von Notenbank und Bankensystem – schwappt über die Bürger. Sie sind gezwungen, die ständige Wertminderung ihres Einkommens und Vermögens weinenden Auges über sich ergehen zu lassen.

Ein weiterer wichtiger Unterschied zwischen Goldwährung und Papiergeld besteht in der Wahrscheinlichkeit und dem Ausmaß von Inflation. Größere Goldmengenanstiege sind eher selten. Selbst als die spanischen Eroberer im 16. Jahrhundert geraubte Goldschätze aus Amerika in die Alte Welt brachten, dauerte es ein ganzes Jahrhundert, bis sich die Geldmenge in Europa verdoppelt hatte. Seit Langem wächst die Goldmenge nahezu konstant zwischen ein und zwei Prozent pro Jahr. Ganz anders im Papiergeldsystem. 2007 beispielsweise wuchs die Geldmenge M2 um zehn Prozent. Ein solches Wachstum bedeutet eine Verdoppelung der Geldmenge alle sieben Jahre!

Ein weiterer Unterschied zwischen dem Gold in unserer Beispielstadt und unserem heutigen Papiergeld ist, dass jeder in unserer Stadt das Recht hat, Land zu erwerben und darauf Gold zu schürfen. Heute darf jedoch nicht jeder eine Notenpresse erwerben und Euros drucken. Es gibt ein Monopol. Und der Monopolist hat beinahe keine Kosten. Während die Goldsucher tüfteln müssen, um einen neuen Bohrer zu erfinden und sehr hohe Kosten und Risiken auf sich nehmen, kann unsere heutige Geldmenge per Knopfdruck verzehnfacht werden. Die Versuchung, das Geldproduktionsprivileg zu benutzen, ist beinahe unwiderstehlich und erklärt die hohen Geldmengenwachstumsraten. Probieren Sie das mal selbst am PC. Öffnen sie eine Excel-Datei und legen Sie »Mein Konto« an. Tippen Sie eine 1 und viele Nullen vor das Euro-Symbol. Gar nicht schwer, oder? Genau das kann die EZB machen, und tut sie auch: um Anleihen insolventer Staaten aufzukaufen oder Kredite an Banken zu Niedrigzinsen zu vergeben. Oder auch, um sich in Frankfurt einen neuen Bürokomplex für über eine Milliarde Euro Baukosten hinzustellen.

Die Wirkung von *neuem, zusätzlichem* Geld ist immer die gleiche. Sowohl, wenn die Geldmengen ausgeweitet werden und somit Preissteigerungen verursachen, als auch, wenn die Geldmengen in einer Phase ausgeweitet werden, in der die Preise für Güter- und Dienstleistungen sonst fallen würden. In beiden Fällen werden Einkommen und Vermögen in der Gesellschaft umverteilt. Und zwar tendenziell von unten nach oben. Und immer unumkehrbar. Sozusagen nachhaltig.

Die Geldmenge M3 im Euroraum hat in den Jahren 2000 bis 2012 um rund 100 Prozent (!) zugelegt, die Wirtschaftsleistung dagegen nur knapp 15 Prozent (!). *Einhundert* Prozent: Können Sie sich das Ausmaß der hinter dieser Ziffer versteckten Umverteilung vorstellen? Gewaltig ist sie auf jeden Fall. Die weit verbreitete, irrige Ökonomen-Meinung lautet, man müsse die Geldmenge flexibel dem Wirtschaftswachstum anpassen. Die weit über das Wirtschaftswachstum hinaus ausgeweitete Geldmenge müsste also sogar bei diesen Ökonomen regelrechte Proteststürme auslösen. Haben Sie schon mal jemanden protestieren hören?

Wir sind davon überzeugt, dass Sie uns nun zustimmen werden, wenn wir die folgende Aussage treffen: *Geldmengenausweitung (Inflation) ist mitverantwortlich für die zunehmende Spaltung der Gesellschaft in Arm und Reich. Sie ist verantwortlich dafür, dass immer mehr Menschen von ihrem Lohn nicht mehr leben können, und dass auch Familien in aller Regel vom Einkommen eines Verdieners kaum mehr ihren Lebensunterhalt bestreiten können.*

Aber solche Statements werden Sie niemals von einem Notenbanker, aus dem Bankensystem selbst und niemals von einem Politiker hören.

Es ist aus Sicht des Staates und der Geldproduzenten ganz sicher nicht gewollt, dass die Menschen begreifen, welchen Einfluss *Geld aus dem Nichts* auf ihr Leben hat. Oder haben Sie schon einmal erlebt, dass ein Betrüger während des Betruges seinem Opfer erklärt, welcher Tricks er sich gerade bedient?

Wir fassen zusammen:

Inflation führt zu einer Umverteilung von Einkommen und Vermögen innerhalb der Gesellschaft. Inflation begünstigt diejenigen, die über die neu geschaffene Geldmenge als Erste verfügen können. Sie profitieren. Sie können Güter zu noch unveränderten Preisen erwerben. Jene hingegen, die erst später – oder überhaupt nicht – in den Genuss des neuen Geldes kommen, sind die Geschädigten. Zum Zeitpunkt, an dem sie über zusätzliches Einkommen verfügen können, sind die Preise für Güter und Dienstleistungen bereits gestiegen. Die »Erstempfänger« sind der Staat und seine Klientel sowie Banken und (Groß-) Unternehmen. Die »Letztempfänger« sind Lohn- und Gehaltsempfänger und Rentner. Inflation schafft Armut und macht Superreiche mit gutem Draht zum Bankensystem noch reicher. Wenige profitieren zulasten vieler.

4. Warum uns das Staatsgeld wirtschaftlich zugrunde richtet

Was man als die Übel des Konjunkturniedergangs ansieht, ist das Gewahrwerden der Folgen des durch die Kreditausweitung vorgetäuschten Aufstieges.

Ludwig von Mises

Sie wissen jetzt, wie neues Geld entsteht – in einem guten wie in einem schlechten Geldsystem – und wer davon zulasten anderer profitiert. Nun wollen wir uns der Frage zuwenden, was Inflation, also Geldmengenausweitung, in einer Volkswirtschaft strukturell auslöst. Bei unserer Betrachtung wollen wir uns vornehmlich auf Unternehmerkredite konzentrieren.

Vergessen wir zum Einstieg abermals für einen Moment, dass es überhaupt Banken gibt. Gehen wir zurück in unser Städtchen. Der hiesige Fischer F fängt mit seiner Angel täglich zehn Kilogramm Fisch aus dem großen See, an dessen Ufer die Stadt liegt. Unser Fischer ist aber ehrgeizig. Er hat bemerkt, dass er mit seiner Angel vom Ufer aus nur sehr begrenzt Fische fangen kann. In der Mitte des Sees muss es noch viel mehr und größere Fische geben. Warum also nicht ein Fischerboot bauen und ein großes Netz knüpfen? Statt zehn Kilo Fisch pro Tag könnte er vielleicht 100 Kilo fangen. Das einzige Problem ist, dass er weder Boot noch Netz besitzt. F müsste zunächst Bäume suchen, sie fällen, das Boot zimmern und obendrein noch das Netz herstellen. F schätzt, dass er ein halbes Jahr für die Herstellung von Boot und Netz – man nennt diese in der Ökonomie auch Kapitalgüter – benötigt. Was soll er aber während dieses halben Jahres essen? Arbeitet er am Boot und Netz, kann er nicht mehr seine zehn Kilo Fisch fangen. Wer ernährt ihn, seine Frau und seine Kinder während dieser sechs Monate? Wer kleidet sie ein und kauft ihnen Spielzeug, während F seine Kapitalgüter herstellt? Offensichtlich muss F sparen, bevor er mit seinem Projekt beginnt. Er muss von den zehn Kilo Fisch, die er fängt, einen Teil beiseitelegen. Er darf mit seiner Familie nicht die gesamten zehn Kilo Fisch verzehren beziehungsweise gegen andere Güter eintauschen, sondern er muss sparen. Er muss seinen Konsum unter das mögliche Maximum reduzieren und beispielsweise ein Jahr lang täglich fünf Kilo Fisch einlegen. Oder – nehmen wir an, Geld sei in unserem Städtchen schon entstanden – er muss vom Verkaufserlös der zehn Kilo einen Teil zurücklegen und sparen. So lange, bis er einen Vorrat hat, der ausreicht, um ihn und seine Familie während der Produktionszeit von Boot und Netz zu unterhalten. Er muss auf Konsum verzichten beziehungsweise reale Ersparnisse anlegen, die von einem Raum voll eingelegter Fische oder in der Geldwirtschaft durch einen Beutel Goldmünzen repräsentiert werden. Ist F dann nach einem Jahr des Sparens und einem halben Jahr der Produktion mit dem Boot und Netz fertig, so kann er – falls sich seine Erwartungen bestätigen – seine Fischproduktion verzehnfachen. Nicht nur er, unser ganzes Städtchen ist nun reicher geworden. Denn die Produktion realer Güter – Fische – hat sich enorm vergrößert.

In der Tat ist der geschilderte Vorgang die wichtigste Form des Wirtschaftswachstums. Durch einen Anstieg der realen Ersparnisse wird die Produktion von neuen Kapitalgütern möglich, die ihrerseits eine größere Güterproduktion beziehungsweise die Produktion von qualitativ hochwertigeren Gütern erlauben. Unerlässliche Bedingung ist, dass ausreichend reale Ersparnisse vorhanden sind.

Was passiert, wenn unser Fischer zwar Ersparnisse für sechs Monate anlegt, er aber nach einem halben Jahr aufgrund widrigen Wetters mit der Fertigung seines Bootes noch nicht fertig ist? Dann muss F sein Projekt verfrüht und unvollendet abbrechen, da er vorrangig seine Familie ernähren muss. Unter Umständen waren alle Mühen umsonst.

F muss jedoch nicht notwendigerweise selber sparen. Das können auch andere für ihn übernehmen. Aber irgendjemand *muss* es tun, denn Fs Familie kann nicht von Luft alleine leben. So kann F sich auch auf die Suche nach einem Investor machen, der ihm die notwendigen Kreditmittel zur Verfügung stellt – sei es in Form von Geld oder realen Gütern. F kann Freunde oder Bekannte um Darlehen bitten. Wenn das keinen Erfolg hat oder er das nicht möchte, kann er auch über eine Anzeige in einer Tageszeitung sein Glück versuchen.

Was ist jedoch Grundvoraussetzung dafür, überhaupt einen Investor zu finden? Natürlich: Fs unternehmerischer Plan muss realistisch und erfolgversprechend sein, das leuchtet ein.

Es müssen noch zwei weitere Voraussetzungen erfüllt sein, dass F ein Gelddarlehen bekommt: a) Das Geld muss zunächst einmal von irgendjemand angespart worden sein. Das bedeutet, dieser jemand muss zuvor auf Konsum verzichtet haben. Er muss *weniger* verbraucht haben, als er verdient hat. Und b) beide Parteien, also Darlehensnehmer und Darlehensgeber, müssen sich über den Zins einig werden, der für das Darlehen zu entrichten ist.

Schmiedet F seine Investitionspläne in einer Phase, in der die Menschen eher zum Sparen neigen, in der aufgrund wirtschaftlicher Unsicherheit relativ wenig Investitionen getätigt werden und die Nachfrage nach Darlehen gering ist, wird der Darlehenszins eher niedrig sein. Fällt der Darlehenswunsch von F dagegen in eine Zeit, in der auch zahlreiche andere Unternehmer Investitionen tätigen, die Nachfrage nach Krediten also eher hoch ist und die Menschen weniger zum Sparen neigen, wird der Darlehenszins im Vergleich sicher höher sein. Die Sparneigung nennt man auch Zeitpräferenzrate. Es ist die Neigung, die ausmacht, wie sehr die Menschen bereit sind, in der Gegenwart auf Konsum zu verzichten, um dafür ihren Zukunftskonsum zu steigern. Gesellschaftliche und institutionelle Entwicklungen können diese Sparneigung, dieses Denken an die Zukunft, systematisch beeinflussen. Auch das Geldsystem selbst. Doch dazu später mehr.

Jedes Gut hat seinen Preis, und Angebot und Nachfrage bestimmen diesen Preis. Gleiches gilt auch bei Darlehen. Dort werden Gegenwartsgüter (Geldeinheiten heute) gegen Zukunftsgüter (Geldeinheiten zum Beispiel in einem Jahr) getauscht. Dieser Preis wird bei Gelddarlehen oft in Prozent ausgedrückt und Zinssatz genannt. Die Zinssätze zeigen die Sparneigung, die Zeitpräferenzrate der Menschen an. Sie deuten darauf hin, wie viel und wie lange die Menschen bereit sind, zu sparen und auf Konsum zu verzichten. Sie zeigen also indirekt die Menge an realen Ersparnissen an.

Es gibt immer Investitionsprojekte, die nicht unternommen werden, weil es an Ersparnissen fehlt. Sie sind einfach nicht rentabel, weil die Leute nicht so lange auf den Konsum verzichten wollen. Nehmen wir an, der Marktzinssatz in unserem Städtchen liegt bei 20 Prozent. F erwartet aber nur eine Rendite von 15 Prozent. Diesen Zinssatz kann F also nicht tragen. Wird jedoch mehr gespart, sinkt der Zinssatz, sagen wir, auf zehn Prozent. Jetzt sind plötzlich Fs Projekt und viele andere rentabel. Neue Investitionsprojekte werden gestartet und können auch erfolgreich beendet werden. Denn die realen Ersparnisse, die zu Investitionszwecken verfügbaren Ressourcen, sind ja gestiegen. Wenn umgekehrt weniger gespart wird, dann steigt der Zins, und weniger Projekte können rentabel unternommen werden. Deshalb ist es so wichtig, dass der Zins nicht beeinflusst und nicht manipuliert wird. Wir wollen diesen nicht manipulierten Zins den *natürlichen Zins* nennen.

Hat unser Unternehmer F einen Darlehensgeber gefunden und sich mit ihm auf die Konditionen geeinigt, kann er seine Investition wie geplant umsetzen. Befinden sich keine Fehler in seiner Kalkulation und die Erwartungen, die F hinsichtlich Fanggröße und Absatz seiner Fische angestellt hat, treten ein, dann wird er Gewinne machen. Er wird dem Darlehensgeber den vereinbarten Zins zahlen und am Ende der Darlehenslaufzeit seine Schulden begleichen können.

Hat F die Rentabilität seiner Investition aber falsch eingeschätzt oder seine Erwartungen treffen aus anderen Gründen, die er vielleicht gar nicht zu verantworten hat, nicht zu, kann er in Liquiditätsnöte kommen. Wenn er sich daraus nicht befreien kann, sei es aus eigener Kraft, indem er beispielsweise seine Betriebsausgaben reduziert, er vielleicht auf eine unerwartete Erbschaft zurückgreifen kann oder indem ihm jemand neue Darlehensmittel zur Verfügung stellt, geht er bankrott.

Welcher Schaden entsteht nun durch eine mögliche Pleite von F in der Volkswirtschaft? Nun, unser Fischer muss sich neu orientieren. Er muss sehen, dass er wirtschaftlich wieder auf die Füße kommt und seine vielleicht aus dem Bankrott verbliebenen Schulden zurückzahlen kann. Der Mitarbeiter, ein Bursche, der ihm beim Bootzimmern geholfen hatte und später mit ihm die Netze auswarf, muss sich einen neuen Job suchen. Und klar, der Darlehensgeber muss das Geld abschreiben, das er F geliehen hatte, jedenfalls einen Teil davon. Natürlich kann er versuchen, aus der Insolvenz von F heraus noch einen Teil seines Schadens ersetzt zu bekommen.

Ist sonst noch etwas passiert? Nein, keine Bank muss wegen der Pleite von F gerettet werden und kein Politiker beschwört nach den Nachrichten in einer Sondersendung die Bevölkerung: »Wir müssen F retten. Wenn F pleitegeht, kommt uns das noch teurer zu stehen. Die Rettung von F ist alternativlos.«

Bis zu diesem Moment war – wie wir es eingangs unserer Betrachtung vorausgeschickt haben – noch keine Bank im Spiel. Bei einer Bank, die die jederzeit verfügbaren Kundeneinlagen immer zu einhundert Prozent als Reserve vorhielte, wäre die Situation nahezu identisch. Es könnte nur investiert werden, was woher auch erspart wurde. Eine Bank mit einer einhundertprozentigen Reservedeckung kann nur Darlehen vergeben, wenn es Kunden gibt, die eindeutig und unmissverständlich ihre Bereitschaft erklärt haben, über einen bestimmten Zeitraum auf die Verfügbarkeit ihrer Einlagen zu verzichten.

Bei der Darlehensgewährung übernimmt diese Bank letztlich nur die Rolle eines Vermittlers zwischen Darlehensgebern und Darlehensnehmern. Sie prüft die Bonität der Darlehensnehmer und steht mit ihrem Eigenkapital dafür ein, sollte ein Darlehensnehmer seine Schuld einmal nicht begleichen können. Ihren Gewinn erzielt die Bank aus der Zinsdifferenz zwischen dem vereinnahmten Darlehenszins und dem Zins, den sie den Anlegern zahlt, aus deren Einlagen die Darlehensmittel stammen.

Bei dieser Form der Darlehensgewährung kommt es – aber das haben Sie ja schon gelernt – nicht zu einer Ausweitung der Geldmenge. Ein Sparer, beispielsweise der Stadtjäger, verzichtet, während einer bestimmten Zeit auf Konsum, leiht Geld an die Bank, die wiederum das Geld dem Fischer weiterreicht. Im Grunde wird der monetäre Gegenwert realer Ersparnisse übergeben.

Nun wollen wir untersuchen, was geschieht, wenn Banken in Form von Kreditgewährung neues Geld entstehen lassen, indem sie nur Teile der Kundeneinlagen als Reserven vorhalten, den restlichen Teil der Einlagen aber als Darlehen auf dem Markt anbieten.

Für die nun folgenden Ausführungen ist anzumerken, dass diese für *jegliche* künstliche Kreditausweitung, also Geldschöpfung, gelten. Die

Geldmengenausweitung kann umso umfangreicher erfolgen, je weniger Reserven Banken für die Kundeneinlagen zurückbehalten müssen. Nehmen dann noch Notenbanken am »Wir-drucken-Geld-Spiel« teil, so wie es heute weltweit der Fall ist, dann kann das »Geldschöpfungs-Gaspedal« so richtig durchgetreten werden. Nur noch mal zur Erinnerung: 2013 betrug die von der Europäischen Zentralbank geforderte Mindest-Reservehaltung auf Kundeneinlagen ein (!) Prozent und der Leitzins lag historisch tief, bei nur noch 0,25 Prozent.

Im heutigen Geldsystem, in dem Geld an nichts mehr gebunden ist, kann übrigens theoretisch jederzeit eine unbegrenzte Ausweitung der Geldmenge erfolgen. Dennoch gehen Banken und Notenbanken »vorsichtig« vor. Sie wissen, dass sie aufpassen müssen und es mit der Geldschöpfung nicht auf die Spitze treiben dürfen. Ludwig von Mises formulierte es sehr treffend, als er in seinem Werk *Nationalökonomie* schrieb: *Wenn ein Gut Geld bleiben soll, darf die öffentliche Meinung nicht glauben, dass mit einer schnellen und unaufhaltsamen Vermehrung seiner Menge zu rechnen ist.*

Es ist eine Gratwanderung, die Banken und Notenbanken hier unternehmen. Möglichst viel Geld schaffen, um die eigenen Gewinne zu maximieren, aber gerade nur so viel, dass Güterpreise nicht zu schnell steigen und sich die Kaufkraft des Geldes nicht zu schnell vermindert. Sonst besteht die Gefahr, dass die Menschen das Vertrauen ins Geld verlieren.

Im Gegensatz zu einem *gesunden* Geldsystem gelangen im Teilreserve-System Darlehensmittel auf den Markt, weil die Banken mit staatlicher Erlaubnis Geld aus dem Nichts schaffen dürfen. Die Bank druckt einfach einen Lagerschein und verleiht diesen an den Fischer, damit dieser sein Investitionsprojekt finanziert. Sie sehen den enorm wichtigen Unterschied: *Niemand verzichtet dabei auf Konsum, und … keiner der Anleger hat der Bank gegenüber ausdrücklich seine Bereitschaft erklärt, über einen bestimmten Zeitraum auf seine Einlage zu verzichten.* Im Gegenteil: Die Anleger wollen die jederzeitige Verfügungsgewalt über ihre Einlagen behalten, um kurzfristig oder zu einem späteren Zeitpunkt vielleicht selbst Konsumgüter zu kaufen. Das ist gerade das Gegenteil von Konsumverzicht.

Niemand hat gespart und damit die Mittel bereitgestellt, den Fischer und seine Familie während der Herstellung von Boot und Netz zu unterhalten. Die Geldschöpfung und der Lagerschein suggerieren dem Fischer jedoch das Gegenteil. Er glaubt, dass genügend reale Ressourcen vorhanden seien, um sein Investitionsprojekt zu Ende zu bringen.

Welchen Einfluss hat die Geldschöpfung aber auf das allgemeine Zinsniveau, also auch auf den Preis, der für Gelddarlehen gezahlt werden muss? Überlegen Sie bitte: Es können *mehr* Darlehen angeboten werden. Ergo: Das Zinsniveau wird durch die Geldschöpfung absinken, obwohl dieses Mal nicht *mehr* gespart wurde. Es wird tiefer sein als das Zinsniveau, das sich am Markt einstellen würde, wäre das Geld *nicht* aus dem Nichts entstanden. Das Zinsniveau wird quasi künstlich gesenkt, was auf den ersten Blick kaum erkennbare, jedoch sehr weitreichende Folgen hat. Wir können jetzt nicht mehr von einem *natürlichen* Zins, sondern müssen vielmehr von einem *künstlichen* oder *manipulierten* Zins sprechen.

Versetzen Sie sich in die Lage des Fischers. Für die geplante Investition benötigt er Darlehensmittel. Seine Kalkulation hat ergeben, dass der Zinssatz, den er zahlen kann, bei maximal 15 Prozent liegen darf. Der aktuelle Zins liegt aber aktuell bei vielleicht 20 Prozent, das heißt, seine Investition wird sich nicht rechnen. In einem System, in dem die Geldmenge nicht manipulativ ausgeweitet werden kann, muss er selbst sparen oder warten, bis andere Marktteilnehmer noch mehr Geld angespart haben. Dann erst wird der Zinssatz mit hoher Wahrscheinlichkeit sinken. Vorher kann er sein Vorhaben nicht beginnen.

Wird aber Geld aus dem Nichts geschaffen, tritt der gleiche Effekt ein, wie wenn jemand das Geld angespart hätte: Der Zinssatz sinkt. Der Fischer beobachtet natürlich die Zinsentwicklung, und wird ihm ein Kredit zu zehn Prozent angeboten, schlägt er zu. Er investiert. Er tätigt also eine Investition, die er nicht hätte in Angriff nehmen können, hätte das Geld erst angespart werden müssen oder wäre es nicht aus dem Nichts geschaffen worden. Er kann ja auch nicht wissen, ob die ihm angebotenen Kreditmittel aus realen Ersparnissen stammen oder einfach aus dem Nichts geschaffen wurden, schließlich ist er Fischer und kein Hellseher.

Haben Sie schon einmal eine Wanderung in einer Ihnen unbekannten Gegend unternommen und sich nur mit einem Kompass orientiert? Völlig ohne Wanderkarte? Nein? Das funktioniert wunderbar. Die Kompassnadel ist ein höchst verlässlicher Anzeiger, in welche Richtung man sich zu bewegen hat. Gleiches gilt für die Kompassnadel »Zins« als Richtschnur unternehmerischen Handelns. Aber nur der *natürliche*, nicht manipulierte Zins kann dieser Aufgabe gerecht werden. Ein nach unten manipulierter Zins ist vergleichbar einer mit einer von einem Magneten irritierten Kompassnadel und signalisiert investitionswilligen Unternehmern fälschlicherweise, die Menschen hätten ausreichend Ersparnisse gebildet. Und so werden *mehr* Investitionen angestoßen, als überhaupt zu Ende geführt werden können. Der Grund: Die in der Wirtschaft vorhandenen Produktionsmittel und Ressourcen sind zu knapp, als dass sie für alle Projekte ausreichen würden. Letztlich wird die Menge der möglichen rentablen Investitionen durch die Menge an realen Ersparnissen begrenzt. Und aus dem Nichts geschaffenes Geld erzeugt eben keine neuen realen Ressourcen. Sind keine Ersparnisse da, kann der Fischer seine Familie nicht ernähren und muss das Bootbauprojekt einstellen. Er kann die neu gedruckten Lagerscheine ja nicht essen, zumindest satt wird er nicht von ihnen.

Ludwig von Mises hat das in seinem Werk *Nationalökonomie* sehr anschaulich beschrieben:

> *Man geht so vor wie ein Baumeister, der mit einer begrenzten Menge von Baumaterial und Arbeit einen Bau aufführen will und sich dabei verrechnet hat. Man legt die Fundamente zu groß an, verbraucht schon für die Fundamente den ganzen verfügbaren Bestand an Produktionsmitteln und kann dann nicht weiterbauen … man hat das verfügbare Material falsch verwendet.*

Mit dem letzten Satz von der falschen Verwendung weist Mises übrigens auf einen sehr wichtigen Aspekt hin. Ressourcen und Produktionsmittel sind *immer* knapp. Wenn es keine Knappheit gäbe, müssten wir nicht sparsam sein, müssten keine Rentabilitätsberechnungen durchführen und alles wäre wie im Schlaraffenland. Haben Sie das Gefühl, im Schlaraffenland zu leben? Also, wir nicht. Deshalb ist es wichtig, dass Produktionsmittel und Ressourcen der richtigen und vor allem der jederzeit wichtigsten Verwendung zugeführt, somit optimal eingesetzt und nicht verschwendet werden. Verschwendung macht uns alle ärmer.

Was passiert aber zunächst, wenn neue, nicht durch reale Ersparnisse gedeckte Kredite überall in der Volkswirtschaft an Unternehmer fließen? Zu Beginn löst die künstliche Ausweitung der Geldmenge einen ebenso künstlichen Wirtschaftsaufschwung aus. Und jetzt aufgepasst, nicht dass Ihnen schwindlig wird: Die Nachfrage steigt allerorten an … nach Arbeitskräften, was die Löhne klettern lässt, nach Rohstoffen, was deren Preise ebenfalls steigen lässt. Die Preise für Konsumgüter ziehen an. Warum? Weil die Löhne gestiegen sind und die Arbeitnehmer sich nun mehr leisten können als zuvor. Die Unternehmer fühlen sich in ihren Investitionen bestätigt, schließlich steigen ja die Preise für die hergestellten Güter. Sie weiten die Produktion noch weiter aus. Andere Unternehmer, die bisher noch eher zögerlich waren, investieren nun auch, sie wollen auch ein Stück vom Kuchen abhaben. Die Investitionsvorhaben werden immer wagemutiger. Die Arbeiter gehen mit Überstunden an ihre physischen Grenzen. Ihre Löhne steigen weiter. Auch die Nachfrage nach Darlehen zieht an. Weil die Arbeitnehmer noch eine Lohnerhöhung bekommen und das Zinsniveau so gering ist, nehmen nun auch sie vermehrt Kredite auf. Die einen, um sich ein Haus zu kaufen. Die anderen möchten lieber ein neues Auto, natürlich auf Kredit. Alles steigt, Löhne, Immobilienpreise, Aktien. Alle sind zufrieden. Scheint es doch, als könne jedermann ohne Anstrengungen, ohne Sparen, ohne Konsumverzicht, automatisch immer reicher werden. Eine fiebrige Euphorie breitet sich aus. Und die Banken verspüren eine immer kräftiger werdende Nachfrage nach Darlehen – mit dem Effekt: Die Darlehenszinsen steigen wieder …

Frage: Was geschieht mit Investitionen, die nur rentabel sind, weil die Zinsen künstlich gesenkt wurden, diese nun aber ansteigen? Sie werden unrentabel, das liegt auf der Hand, oder? Der Aufschwung *muss* ins Stocken geraten.

Die Notenbanken tragen ihren Teil dazu bei. Weil alle Preise steigen und es ja offiziell zur Aufgabe der Europäischen Zentralbank gehört, Preise stabil zu halten, werden die Leitzinsen erhöht und die Liquiditätsversorgung des Bankensystems zurückgefahren, mit dem Ziel, die Kreditvergabe einzuschränken und die Konjunktur abzukühlen.

Das Problem wäre eigentlich keines, würde man die nun notwendig gewordene Korrektur einfach zulassen. Entschuldigen Sie bitte, vielleicht klingt das im ersten Moment sehr herzlos, aber sollte man Unternehmen, die nur aufgrund nach unten manipulierter Zinsen rentabel sind, nicht schlicht und einfach pleitegehen lassen? Diese Unternehmen verschwenden ja die knappen Ressourcen der Gesellschaft. Sie wollen doch nicht wirklich, dass wir alle immer ärmer werden, oder? Erinnern

Sie sich noch an unsere Wortschöpfung »Wir-machen-Geld-aus-dem-Nichts-und-schaffen-dadurch-Wohlstand-Modell«? Genau hier liegt das Problem: Das funktioniert nicht.

Nur haben die meisten unserer Politiker das noch nicht verstanden. Und doch genießen sie jetzt ihren großen Auftritt. Es werden große Reden geschwungen, wie man die Wirtschaft ankurbeln könnte. Es werden Investitionskredite vergeben – natürlich aus dem Nichts. Jetzt müsse der Staat eingreifen. »Wir könnten doch alle alten Autos verschrotten, die unsere Straßen verschandeln. Jeder bekommt auch eine Geldprämie. Ja, am besten auch die, die einen neuen Kühlschrank kaufen – das nennen wir dann CO_2-Vermeidungsprämie. Und, ihr lieben Notenbanker, tut doch was, senkt doch bitte die Zinsen, damit die Banken wieder billige Kredite vergeben können.« Kommt Ihnen das alles bekannt vor?

Werden die Zinsen immer weiter nach unten geschleust, verfällt eine Volkswirtschaft gleichsam in eine Abhängigkeit von billigem Geld, wie ein Drogenabhängiger, der ohne seine tägliche Dosis Rauschmittel nicht auskommt.

Nach dem Zusammenbruch der Bank Lehman Brothers im September 2008 haben Staaten und Notenbanken weltweit die Hebel auf »permanenten Billigzins- und Rettungsmodus« gestellt. Alle Banken und Staaten, die unterzugehen drohen, werden seitdem gerettet, »koste es, was es wolle«. Nur nebenbei – das »Koste es, was es wolle« haben nicht wir uns ausgedacht. Der Ausspruch stammt von EZB-Chef »Super Mario« Draghi. Er bezog sich bei dieser Formulierung auf die Rettung des Euro, als man ihn nach dessen Zukunft befragte.

Glauben Sie uns bitte: Die Spitzenpolitiker (mit »Spitze« beziehen wir uns ausdrücklich auf deren Position, nicht auf die Qualität ihrer Arbeit) haben die drohende Gefahr erkannt. Sie wissen genau, was auf dem Spiel steht, und was passiert, wenn die Zinsen ansteigen und die unvermeidliche Korrektur beginnt. Dabei gewinnen sie mit ihren vermeintlichen Rettungsaktionen nur Zeit. Besser wird die Lage dadurch nicht, im Gegenteil. Wem aber nützt es, wenn sich die Politik Zeit erkauft? In erster Linie den Politikern selbst. Eine oder zwei Legislaturperioden noch, und man hat als Minister, Staatssekretär oder durch sonst ein lukratives Amt eine Rente sicher, für die *Sie* ein ganzes Leben arbeiten.

Lassen Sie sich keinen Bären aufbinden, vor allem nicht von Politikern und sogenannten Experten. Durch immer mehr Geld wird eine Volkswirtschaft nicht reicher. Erst muss gespart werden, und dann können Kapital- und Konsumgüter hergestellt werden. *Dann wird eine Gesellschaft wohlhabender.*

Schauen wir uns nun aber einmal ganz genau an, wie die unvermeidliche Korrektur aussieht, von der wir die ganze Zeit sprechen.

Die Zinsen steigen also. Auch die Kosten schießen in die Höhe, wie die Löhne, da die Unternehmer ja wie wild neue Projekte unternommen haben und sich um Arbeiter reißen. Denken Sie an unseren Fischer. Plötzlich kostet ihn das Holz für sein Boot mehr, sein Gehilfe möchte mehr Geld, denn man hat ihm einen anderen, lukrativeren Job angeboten, auch der Unterhalt der Familie wird immer teurer. Denn auch die Konsumgüterpreise steigen an, da zum einen die Arbeiter mehr Einkommen haben und zum anderen die Konsumgüterproduktion leicht zurückgeht. Unser Fischer angelt ja nicht mehr, sondern baut gerade an seinem Boot. Während der Bauzeit geht die Fischproduktion also zurück und es steigen die Fischpreise; es sei denn, es wird mehr gespart. Aber wurde in unserem Falle ja nicht. Man hatte keinen Fisch eingelegt, den man jetzt auf den Markt schmeißen könnte. Es wurde ja nur mehr Geld produziert. Die Leute sind nicht bereit zu warten, bis das Boot fertig ist. Sie wollen *heute* mehr Fisch. Der Druck auf den Fischer wird immer größer, Zinsen und Kosten würgen ihn. Gleichzeitig sieht er, dass er mit dem bloßen Angeln vom Seeufer aus ganz gute Gewinne erzielen könnte. Schließlich bricht er sein Projekt ab. Boot und Netz bleiben unvollendet, sie verfaulen. Die knappen Ersparnisse der Gesellschaft sind verschwendet worden.

So kommt der künstliche Aufschwung auch gesamtwirtschaftlich in einer modernen Volkswirtschaft ins Stocken, kehrt sich in einen Abschwung um. Das ansteigende Zinsniveau führt auf der einen Seite dazu, dass weitere Kredite für neue Investitionen nur mehr zögerlich vergeben werden, der Abschwung verstärkt sich und das Wirtschaftswachstum bricht ein. Außerdem – und das ist besonders folgenreich – zeigt sich jetzt, dass sehr viele der Investitionen nur bei künstlich erniedrigtem Zins rentabel waren, es nun aber nicht mehr sind, da die Zinsen ansteigen. Unternehmen gehen pleite. Arbeitnehmer verlieren ihren Job, und denen, die bleiben können, kürzt man die Löhne. Der Konsum bricht ein. Die Preise drohen zu fallen. Im Aufschwung ausgereichte Darlehen können nicht mehr zurückgezahlt werden. Das wiederum hat zur Folge, dass die Geldmenge, die durch die Gewährung dieser Darlehen ausgeweitet wurde, nun logischerweise zu schrumpfen droht.

Im Klartext: Banken müssen Forderungen abschreiben, was ganz hässliche Löcher in deren Bilanzen hinterlässt, die dann mit den von *Ihnen* gezahlten Steuern gestopft werden müssen. Das wird natürlich so geschickt gemacht, dass Sie das nicht merken, jedenfalls nicht sofort. Oder es werden einfach neue Schulden gemacht. Auch das spüren Sie zunächst nicht. Aber irgendwann schon, weil Sie sich mit Ihrem Geld immer weniger werden kaufen können. Sie spüren es dann, wenn das Haushaltsgeld einfach nicht mehr reichen will. Oder spätestens dann, wenn Lohn oder Rente hinten und vorne zu wenig sind.

Dabei ist die einsetzende Korrektur grundsätzlich positiv zu beurteilen. Schließlich wird ein Scheinaufschwung beendet und korrigiert. Knappe Produktionsmittel und Ressourcen werden endlich der effizientesten Verwendung zugeführt und nicht mehr in unrentablen Projekten gebunden und vergeudet. Auch wenn im Abschwung die Einkommen einiger Arbeitnehmer sinken müssten, wäre das bei genauer Betrachtung gar kein Problem. Schließlich würden bei zurückgehender Nachfrage ja auch die Preise für Konsumgüter fallen und man könnte sich für weniger Lohn genauso viel leisten wie zuvor.

Aber halt ... Sie haben nicht mit unseren Notenbanken gerechnet. Die Leute, die dort arbeiten, haben eine sehr ausgeprägte Allergie gegen fallende Preise. Jetzt werden die Zinsen *wieder* gesenkt, das Bankensystem *wieder* und jetzt mit *noch mehr* Liquidität versorgt und das Kreditgeschäft angekurbelt.

Warum aber lässt man die Korrektur nicht zu und die Preise nicht einfach fallen? Ganz einfach. Weil fallende Preise in einem reinen Papiergeldsystem eine sogenannte Deflationsspirale in Gang setzen würden, die nach und nach Investitionen, die zuvor nur mittels künstlicher Kreditausweitung getätigt wurden, als unrentabel entlarven würde. Und weil wir in den letzten Jahrzehnten schon viele solcher künstlichen Aufs und Abs erlebt haben, wären das inzwischen sehr, sehr viele unrentable Investitionen, die da ans Tageslicht kommen würden, mit unabsehbaren Folgen. Auf alle hochverschuldeten Unternehmen und Personen kämen große Schwierigkeiten zu. Denn bei fallenden Preisen wird es immer schwieriger, die Schulden zu bedienen. Hochverschuldete Unternehmer und Personen gingen massenhaft pleite. Nicht zu sprechen vom größten Schuldner in der Volkswirtschaft, dem Staat. Und zahlten die Schuldner nicht mehr, würde das Bankensystem zusammenbrechen.

Da geriete die Politik ganz schön in Erklärungsnöte, und die Regierung würde ganz schnell aus dem Amt gejagt. Und was passiert nun zu allem Übel? Weil die allermeisten Menschen nicht wissen, dass der Aufschwung mit Geld aus dem Nichts ausgelöst wurde, werden Politik und Notenbank in dieser Situation jetzt auch noch lautstark zum

Eingreifen aufgefordert. Ein Teufelskreis. Bedenkend, dass der größte Teil der Menschen durch Inflation bestohlen wird, drängt sich für diesen Hilferuf folgender Vergleich geradezu auf: Bei Ihnen ist in der Nacht eingebrochen worden, und derjenige, den Sie zur Aufklärung des Verbrechens um Hilfe bitten, ist der Einbrecher selbst, nur sind Sie darüber völlig ahnungslos.

Jedem künstlichen Aufschwung *muss* der Abschwung folgen. Der macht den im Aufschwung durch Fehlinvestitionen entstandenen Schaden offensichtlich. Das verrottende Fischerboot stellt fehlinvestierte Ressourcen da. Diese sind verschwendet worden und stehen für andere Projekte nicht mehr zur Verfügung. Die Kapitalgütermenge, die die Produktivität einer Volkswirtschaft bestimmt, ist beschädigt worden. Wir sind ärmer geworden.

Das Perfide an diesen künstlich ausgelösten Konjunkturschwankungen und Rettungsorgien sind die von ihnen ausgelösten Veränderungen und Verschiebungen in der Einkommens- und Vermögensstruktur innerhalb einer Gesellschaft. Die sind irreparabel. Kaufkraft und Vermögen wandern – und zwar von unten nach oben. Wenige profitieren zulasten vieler. Tendenziell werden Arme ärmer und Reiche reicher. Wir haben die Auswirkungen von Inflation im vorigen Kapitel bereits ausführlich beschrieben.

Bei genauer Betrachtung muss man feststellen, dass unser Geldsystem *in sich* selbstzerstörerisch veranlagt ist. Die Zinsen müssen immer weiter gesenkt werden, um zu verhindern, dass die Fehlinvestitionen der zurückliegenden Aufschwünge aufgedeckt werden. Sie werden sich vielleicht fragen, was passiert, wenn die Notenbanken die Zinssätze überhaupt nie ansteigen lassen, sondern sie bei den kleinsten Krisenanzeichen absenken oder gleich für immer auf null setzen? Könnte dies nicht die Korrektur verhindern und den Boom unbegrenzt fortsetzen? Würde es unserem Fischer nicht helfen, wenn er einen Kredit zum Nulltarif bekommt? Vielleicht könnte er sich dank der Nullzinsen noch etwas länger über Wasser halten und entgegen der Konsumentenwünsche, die nicht länger auf ihren Fischkonsum warten wollen, an seinem Projekt festhalten. Dennoch werden seine Kosten gerade durch die Geldproduktion zu Gratiszinsen immer schneller ansteigen. Auch Nullzinsen zaubern keine realen Güter herbei. Sie führen vielmehr zu neuen Blasen und zusätzlichen Fehlinvestitionen. Die Gratiskredite können höchstens den Engpass verschieben, indem der Fischer nun anderen Projekten Ressourcen abjagt, die nun ihrerseits eingestellt werden müssen. Letztlich kommt man nicht an der Tatsache vorbei, dass zu umfangreiche Investitionsprojekte begonnen wurden – es sind nicht genug reale Ersparnisse vorhanden.

Immer weiter neues Geld zu Nullzinsen zu produzieren löst also nicht den Ressourcenengpass. Und wird so weiterverfahren, wird am Ende so viel Geld entstanden sein, werden sich so viele Schulden im System befinden, dass die Menschen das Vertrauen in das Geld verlieren und unser ohnehin *schlechtes Geld* als Tauschmittel nicht mehr taugen wird. Aber vielleicht bekommen die Politiker vorher noch die Kurve und verringern die Überschuldung auf andere Weise. Die anderen Möglichkeiten wie Währungsreform, Schuldenschnitt oder Vermögensabgabe sind jedoch auch sehr schmerzhaft, mehr dazu in Kapitel acht.

Der mit hoher Wahrscheinlichkeit irgendwann eintretende Vertrauensverlust in das Geld wird übrigens von sogenannten Wirtschaftsexperten in ihren Überlegungen vollständig ignoriert und ausgeblendet. Kommt Ihnen folgender Satz bekannt vor? »Wir erwarten eine leichte Konjunkturerholung, Inflationsgefahr sehen wir derzeit nicht.«

Was werden Sie tun, wenn Sie merken, dass die Kaufkraft Ihres Geldes immer schneller abzunehmen droht? Sie werden versuchen, es loszuwerden, oder? Genau wie dann Millionen und Abermillionen andere Menschen auch. Wahrscheinlich alle zur gleichen Zeit. Und was passiert, wenn auf diese Weise die Nachfrage nach Geld einbricht und die nach Sachgütern explodiert? Die Preise werden steigen, schneller, als es sich die meisten Menschen vorstellen können. Und was müssen die Notenbanken tun, wenn die Preise steigen, schließlich ist es ja ihre Aufgabe, diese stabil zu halten? Richtig: die Zinsen erhöhen. Und nun noch eine Frage: Können die Zinsen erhöht werden, in einem Geldsystem, in dem sich so viele Schulden wie noch nie zuvor befinden?

Statt einer Antwort wollen wir einmal mehr Ludwig von Mises zu Wort kommen lassen. Sie sehen, es gab – und gibt – volkswirtschaftliche Literatur, die die Problematik und Folgen des Gelddruckens fundiert erklärt. Die folgenden Ausführungen stammen aus einem Aufsatz von Mises aus dem Jahr 1931:

> *Früher oder später muß es zutage treten, daß die Konjunktur auf Sand gebaut war. Denn früher oder später muß die Kreditерweiterung durch Schaffung zusätzlicher Umlaufsmittel zum Stillstand kommen. Die Banken könnten, auch wenn sie wollten oder durch den stärksten Druck von außen dazu gezwungen würden, diese Politik nicht endlos fortsetzen. Die fortschreitende Vergrößerung der Umlaufsmittelmenge führt zu fortschreitenden Preissteigerungen. Inflation kann jedoch nur solange fortgehen, als die Meinung besteht, daß sie doch in absehbarer Zeit aufhören wird. Hat aber einmal die Überzeugung sich festgesetzt, daß die Inflation nicht mehr zum Stillstand kommen wird, dann bricht eine Panik aus. Das Publikum nimmt in der Bewertung des Geldes und der Waren die erwarteten Preissteigerungen schon voraus in Rechnung, so daß die Preise sprunghaft über alles Maß hinaufschnellen, es wendet sich von dem Gebrauch des durch die Umlaufsmittelvermehrung kompromittierten Geldes ab, flüchtet zum ausländischen Geld, zum Barrenmetall, zu den »Sachwerten«, zum Tauschhandel, kurz die Währung bricht zusammen.*

Die durch Kreditausweitung ausgelösten Vorgänge haben die Ökonomen der Österreichischen Schule der Nationalökonomie, allen voran Ludwig von Mises, bereits in der ersten Hälfte des letzten Jahrhunderts ausführlich beschrieben und dargelegt. Im Jahr 1974 erhielt der Mises-Schüler Friedrich A. von Hayek für die sogenannte »Österreichische Geld- und Konjunkturtheorie« sogar den Nobelpreis für Wirtschaftswissenschaften.

Sie fragen sich jetzt vielleicht, und das vollkommen zu Recht, warum jemand einen so wichtigen Preis erhält, seine Arbeit aber keinerlei Beachtung bei Regierungen und politischen Entscheidungsträgern erfuhr und noch heute nicht erfährt. Auf diese Frage kommen wir in Kapitel neun zurück.

Wir fassen zusammen:

Geldschöpfung mittels Kreditausweitung führt zur konjunkturellen Scheinblüte. Es werden Investitionen in Gang gesetzt, die nur rentabel erscheinen, weil Geld aus den Nichts geschaffen und der Zins künstlich herabgesetzt wurde. Es fehlt aber letztlich an realen Ressourcen, um diese neuen Investitionsprojekte erfolgreich abzuschließen. Kosten- und Zinsanstiege bringen diese Fehlinvestitionen früher oder später ans Tageslicht. Die letztlich unvermeidliche Korrektur ist aber politisch nicht gewünscht und wird mit weiteren Zinssenkungen bekämpft. Durch die Fehlinvestitionen ist die Gesellschaft ärmer geworden. Kapitalgüter verlieren an Wert, wertvolle Zeit geht verloren, eventuell steigt die Arbeitslosigkeit. Durch die Geldmengenausweitung wird Einkommen und Vermögen innerhalb der Gesellschaft umverteilt – in der Regel von den unteren zu den oberen Einkommensschichten. Arme werden ärmer – Reiche werden reicher. Der Keim der Zerstörung ist dem Papiergeldsystem in die Wiege gelegt. Wird der Weg der fortgesetzten Zinssenkungen und immer stärkeren Geldmengenausweitung fortgesetzt, werden die Menschen das Vertrauen in das Geld verlieren. Am Ende dieses Wegs steht der unvermeidliche Zusammenbruch des Geldsystems.

5. Wie der Staat Sie mithilfe der Inflation ausbeutet

Dank der unbegrenzten Macht der Zentralbank, Geld zu drucken, können Staaten immer größere Schuldenberge anhäufen. Sie können heiße oder kalte Kriege führen, die ansonsten als unfinanzierbar unterbleiben würden. Und sie können eine scheinbar endlose Zahl von Projekten einleiten und sich in Abenteuer stürzen, die andernfalls undenkbar gewesen wären.

Hans-Hermann Hoppe

Betrachtet man den Politikbetrieb weltweit, kann man den Eindruck gewinnen, dass es in diesem Spiel nur um eines geht: um *Macht*. Wer an der »Macht« ist, will es bleiben, und alle anderen streben danach, an die »Macht« zu gelangen. In einem Gespräch mit einem der Autoren sagte der im Jahr 2012 verstorbene Ökonom Roland Baader: *Es gibt zwei Arten, Macht auszuüben. Die Macht mit dem Schwert und die Macht mit Brot und Spielen, in der modernen Version namens Wohlfahrtsstaat.*

Stellen Sie sich nun einfach einmal kurz vor, Sie seien der Staat. Sie besäßen das Gewaltmonopol. Alle Konflikte könnten Sie zu Ihren Gunsten entscheiden. Sie könnten diese Macht dazu benutzen, bestimmte Verhaltensweisen vorzuschreiben oder zu verbieten. Auch Steuern zu erheben, läge in Ihrer Macht. Sie könnten anderen Menschen ohne

Gegenleistung ihr Eigentum wegnehmen. Es wäre fast so, als seien Sie im Besitz des Tolkien'schen Rings. Eine recht komfortable Situation.

Zunächst würden Sie wahrscheinlich versuchen, Ihre Macht zu konsolidieren. Sie würden strategisch wichtige Sektoren unter Ihre Kontrolle bringen: Polizei, Justiz, Militär, Kommunikation, Transport, Energie, Medien und vor allem natürlich ... den Bildungssektor.

Sie benötigten, da Ihre Staatsbürger Ihnen ja zahlenmäßig weit überlegen sind, zumindest deren implizite Unterstützung. Sie könnten versuchen, sich eine Theorie auszudenken, die Ihre Herrschaft legitimiert, denn Waffengewalt alleine wird auf Dauer Ihre privilegierte Position nicht festigen können.

Vielleicht erfinden Sie die Idee vom »Gottesgnadentum« und installieren sich als Monarchen, oder Sie entwickeln die Theorie der »Volkssouveränität« und öffnen den Zugang zum Staatsapparat allen Bevölkerungsschichten.

Überhaupt sollten Sie versuchen, bestimmte Gruppen von Ihnen abhängig zu machen oder deren Unterstützung zu erwerben. Sie können Privilegien, Subventionen oder simple Transfers gewähren und sich damit Unterstützung erkaufen. Je größer die Anzahl der Staatsdiener, desto besser. Deren Unterstützung haben Sie sicher. Denn die erhalten ja schließlich ihr Einkommen von Ihnen. Und wer beißt schon die Hand, die ihn füttert? Andere Instrumente, um die Macht zu festigen, sind staatliche Renten-, Gesundheits- und Sozialsysteme. Sie drängen private Fürsorge und Nächstenliebe zurück. Sie schaffen Abhängige und schwächen Ihren natürlichen Konkurrenten, die Familie, die in Notlagen traditionell beisprang.

So weit einleuchtend. Aber es gibt einen kleinen Haken. Der Machterhalt ist natürlich sehr teuer. Subventionen, Staatsangestellte, Transfers, das alles kostet viel Geld. Und Steuern sind nicht gerade beliebt bei den Besteuerten, zeigen sie doch klar auf, dass die vermeintlichen Wohltaten des Staates nicht kostenlos sind. Die Gefahr besteht also, dass Sie nicht nur auf der einen Seite Freunde gewinnen, die Geld von Ihnen erhalten, sondern auch auf der anderen Seite sich neue Feinde schaffen: jene nämlich, denen Sie dieses Geld zunächst abnehmen.

Gäbe es doch nur eine Methode, die Staatsausgaben zu finanzieren, ohne Steuern erheben zu müssen. Eine Methode, bei der der Bürger zwar zahlt, aber dies nicht wirklich bemerkt. Man müsste ein kompliziertes System entwickeln, das nur die wenigsten durchschauen und das es erlaubt, an das Geld und Vermögen der Bürger zu kommen, ohne dass diese sich dessen bewusst sind.

Sie ahnen es schon, das System gibt es. In seiner perfidesten Form ist es unser heutiges staatliches Papiergeldsystem. Damit ist das Geldsystem ein weiterer Sektor, der für den Staat von strategischer Bedeutung ist und in den er sich von Anfang an eingemischt hat. Hierzu lassen wir gerne einmal mehr Roland Baader zu Wort kommen:

Auf jeden Fall braucht der Staat, um Herrschaftsmacht ausüben zu können, riesige Geldmittel. Da die benötigten Summen astronomische Größenordnungen angenommen haben, reicht das Steuersubstrat schon lange nicht mehr aus, und so hat der Staat überall auf dem Globus einfach das Monopol auf Papiergelderzeugung an sich gerissen, um gigantische Geldmengen aus dem Nichts erzeugen zu können.

Überlegen Sie einmal: Haben Sie die Kontrolle über das Geldsystem, dann können Sie Ihre Ausgaben nicht nur mit Steuereinnahmen finanzieren, sondern einfach dadurch, dass Sie neues Geld produzieren und mit ihm zahlen. Genau wie ein Geldfälscher, nur ganz legal – *Sie* machen ja die Gesetze – und zwar im großen Stil.

Die Preise steigen, und die Bürger zahlen die Zeche in Form eines Kaufkraftverlustes, weil ihr Geld immer weniger wert wird. Sie erinnern sich an die in Kapitel drei besprochene Umverteilung der Kaufkraft: Sie, als der Staat, gewinnen als Erstempfänger des neuen Geldes auf Kosten der Bürger. Aber die Bürger durchschauen das nicht. Sie ziehen nicht die Verbindung zwischen staatlich forcierter Geldproduktion und Teuerung. Es gibt ja auch noch viele andere Faktoren, die die Preise beeinflussen können. Sie können also leicht andere zum Sündenbock machen. Gierige Spekulanten oder Unternehmer zum Beispiel. Oder eine Naturkatastrophe. Oder eine Ölkrise. Außerdem muss es noch nicht einmal ein *absoluter* Kaufkraftverlust sein. Denn das Produktivitätswachstum bremst die Teuerung und kaschiert die Wirkungen der Geldproduktion. Anstatt stark fallender Preise stagnieren sie nur, dank Ihrer emsigen Geldproduktion.

Zudem bietet es sich an, dass Sie ein kompliziertes Finanzsystem aufbauen, das niemand durchschaut. Dann müssen Sie nicht plump selbst Geld drucken, sondern können beispielsweise buntes Papier herausgeben, auf das Sie »Staatsanleihe« schreiben. Ihre Freunde, die Banken, kaufen dann dieses Papier und hinterlegen es bei der von Ihnen offiziell »unabhängigen« Zentralbank (die ein von Ihnen erteiltes Monopol innehat) als Pfand. Im Gegenzug erhalten die Banken dann frisches Geld. Im Endeffekt ist Ihre Verschuldung durch neue Geldproduktion finanziert worden, und die Spuren sind verwischt … das ist genial.

Kurzum machen Sie sich als Staat Folgendes zunutze: Die Menschen ziehen eine Verbindung zwischen Staatsausgaben und Steuern; sie ziehen jedoch keine Verbindung zwischen Staatsausgaben und Geldmengenproduktion sowie ihres mittelbaren Effekts der Teuerung. Indem das Geldmonopol damit die Kosten von Kriegen, Wohlfahrtsstaaten oder Prestigeprojekten wie der Energiewende kaschiert, verschleiert es die Effekte einer Politik, die das Volk sonst wohl nicht unterstützen würde. Damit ist das Geldmonopol undemokratisch und sollte von jedem anständigen Demokraten entschieden bekämpft werden.

Aber nun Schluss mit dem Gedankenexperiment und zurück in die triste Realität, denn ... Sie sind nicht der Staat. Sie sitzen ja leider am anderen Ende der Tafel: Sie sind ja *nur* der Bürger und können das Monopolgeld nicht herstellen, sondern müssen es benutzen.

Es dürfte nun verständlich sein, warum der Staat so ein großes Interesse hatte, sich vom Gold loszueisen. Im staatlichen Papiergeldsystem wird die Verschuldung für den Staat zum Kinderspiel. Wir erinnern uns, Kreditmittel entstehen aus dem Nichts. Und der Staat sitzt direkt an der scheinbar nie versiegenden Geldquelle. Das ist der eine Aspekt, warum es dem Staat in der Regel keine Probleme bereitet, sich zu verschulden.

Der andere Aspekt ist die scheinbare Sicherheit, die Staatsschulden, also Staatsanleihen, den Investoren – meist sind das direkt oder indirekt die Bürger – bieten. *Ich nicht,* mögen Sie nun vielleicht denken, *ich werde diesen Ganoven nicht auch noch Geld leihen, ganz bestimmt nicht.* Doch, tun Sie. Wenn Sie eine Lebens- oder Rentenversicherung haben, oder auch einen Riestervertrag, dann ... willkommen im Club. Dann sind auch Sie Finanzier des Politikbetriebes, über dessen verschwenderisches Gehabe Sie sich jeden Abend während der Nachrichten so furchtbar aufregen. In Ihrer indirekten Investition von Staatsanleihen über Lebensversicherungen und Ähnliches liegt ein weiterer Vorteil der Staatsfinanzierung durch Verschuldung gegenüber der Finanzierung über Steuern. Werden sie besteuert, fühlen sich die Menschen ärmer. Bei der Verschuldung hingegen werden Staatsanleihen ausgegeben, die dann in Depots von irgendjemandem landen, der sich dann sogar reicher fühlt. Auf die gesamte Volkswirtschaft gesehen stellt das jedoch eine Illusion dar. In beiden Fällen, Steuern und Verschuldung, werden dem produktiven Privatsektor Ressourcen entzogen und in den verschwenderischen Staatssektor gepumpt. In beiden Fällen wird der Privatsektor ärmer und der Staat reicher.

Niemand kann sich natürlich wirklich vorstellen, dass der Staat pleitegeht. In der Praxis ist das auch schwer vorstellbar. Schließlich gibt es da die Notenbank, die im Ernstfall die Staatsschulden übernehmen und die Regierung heraushauen würde, auf *Ihre* Kosten selbstverständlich. Denn der Geldwert würde bei unbegrenztem Gelddrucken noch schneller zerstört, als es ohnehin bereits der Fall ist. Der Europäischen Zentralbank ist das Aufkaufen von Staatsanleihen übrigens zwar grundsätzlich verboten, doch existieren in der Praxis genug Möglichkeiten, dass sie mit Hilfe des eng mit dem Staat verbandelten Bankensystems die Staatsfinanzierung letztlich doch übernimmt. Wie bereits angedeutet, können Banken erworbene Staatsanleihen einfach bei der EZB verpfänden und erhalten dafür *frisches* Geld. *Frisch* steht hier für *neues* Geld. Geld, das es im Moment vor der Verpfändung nicht gab.

Die größte Position in den meisten Staatshaushalten sind die Ausgaben für »Arbeit und Soziales«, oder einfacher formuliert »für den Wohlfahrtsstaat«. Das waren 2013 in Deutschland etwas über 119 Milliarden Euro und damit gut 38 Prozent der gesamten Staatsausgaben. Auch das erklärt, warum man lieber den Weg in die Verschuldung wählt, als Steuern anzuheben. Denn erst dem Bürger mittels Steuererhebung das Geld wegnehmen, um es ihm anschließend in Form von Sozialleistungen wieder zurückzugeben? Ach nein, viel zu durchschaubar. So wäre es für die Steuerzahler viel leichter erkennbar, wie viel Geld der Moloch »Staat« davon für sich selbst verwendet, wie viel also – für die Volkswirtschaft letztlich nutzlos – irgendwo versickert, verschwindet wie in einem schwarzen Loch. Leuchtet ein, oder?

Fest steht: Unser heutiger »Wohlfahrtsstaat« – oder wir sollten im Hinblick auf seine tatsächlichen sozialen Auswirkungen besser vom »Schlechtfühlstaat« reden – wäre mit Steuereinnahmen allein nicht zu machen. Nicht umsonst geht das krebsartige Wachstum des Schlechtfühlstaats historisch mit der Abkehr vom Goldstandard und dem Übergang zum Papiergeldsystem einher. Der moderne Schlechtfühlstaat erwuchs aus einer gigantischen Staatsverschuldung, die das Papiergeldsystem erst ermöglicht hat. Wäre er rein durch Steuern finanziert, hätten die Bürger wohl längst rebelliert.

Werfen wir an dieser Stelle einen Blick auf die aktuelle Gesamtverschuldung (Stand November 2013) der öffentlichen Haushalte in Deutschland. Sie beträgt rund zwei Billionen Euro. Es bringt vielleicht keinen Mehrwert, aber wir können es dennoch nicht lassen, Ihnen zu zeigen, wie viele Nullen diese Zahl hat: 2.000.000.000.000 Euro. Die Zahl wirkt jedoch schon fast bescheiden, wenn man einen Blick auf die Staatsverschuldung der USA wirft. Zum gleichen Zeitpunkt standen die Amerikaner mit sage und schreibe 17 Billionen US-Dollar in der Kreide. Regierungen weltweit schaffen es einfach nicht, mit den ihnen zur Verfügung stehenden Einnahmen auszukommen. Schlimmer noch: Sie zeigen beim Schuldenmachen nicht das kleinste bisschen Scham! Zu groß ist die Versuchung, mit schuldenfinanzierten Wahlgeschenken auf Stimmenfang zu gehen, um an die Macht zu kommen oder an selbiger zu bleiben. Man möchte sich wie für viele Möchtegern-Promis am liebsten fremdschämen. Da kommt uns unweigerlich Wilhelm Buschs Spruch in den Sinn: *Ist der Ruf erst ruiniert, lebt es sich ganz ungeniert.*

Werden einmal aufgenommene Staatsschulden zur Rückzahlung fällig, werden diese stets brav »zurückgezahlt«. Aber eigentlich nie aus Steuereinnahmen. Denn ein Staat versteht unter *Rückzahlung* nicht das Gleiche wie Sie. Wenn *Sie* Ihre Schulden zurückgezahlt haben, dann steht Ihr Darlehenskonto anschließend auf null. Wenn der Staat seine Schulden zurückzahlt, dann tut er das in aller Regel, indem er *neue* Schulden macht. Und weil unser Geld immer weniger wert ist, fällt ihm das dank seiner eigenen Inflationspolitik leicht. Die Gläubiger werden geschädigt, der Mega-Schuldner Staat profitiert. Ach, könnten wir Bürger doch nur auch ein für uns so profitables System nutzen! Aber im Geldwesen lässt sich der Staat von Wettbewerbern keine Konkurrenz machen. Das Geldmonopol gibt er nicht aus der Hand. Und niemand scheint es zu wagen, dieses Monopol infrage zu stellen. Vielleicht vermag dieses Buch dabei zu helfen, das zu ändern. Unterstützen Sie uns bei dieser Aufgabe, sprechen Sie mit Familie, Freunden, in Klubs, Vereinen, am Stammtisch. Klären Sie auf, öffnen Sie die Augen. Unglaublich viel hängt davon ab. Es ist es wert. Auch für Ihre Kinder und Enkel.

Aber zurück zum Thema. Kritiker werden einwerfen, dass der Staat auf seine Schulden ja auch Zinsen zahlt. Muss der Staat also nicht wenigstens für die Zinszahlung irgendwann Steuern erheben? Auch das ist falsch gedacht. Denn für das Bestreiten der Zinszahlungen kann er einfach erneut Staatsanleihen ausgeben. Weder die Schulden noch die Zinsen müssen jemals mit Steuern bezahlt werden, sondern können durch neue Schuldenaufnahme, das heißt im Endeffekt mittels Geldproduktion, bedient werden.

Um die enormen Zinszahlungen in Grenzen zu halten, manipulieren die Staaten normalerweise die Erwartung hinsichtlich der Teuerung. Denn im Marktzins ist auch eine Prämie für den erwarteten Kaufkraftverlust enthalten. Je höher der erwartete Kaufkraftverlust, desto höher ist der Zins, den ein Kreditgeber fordert.

Wenn es dem Staat als Schuldner gelingt, die Erwartungen hinsichtlich der Geldentwertung niedrig zu halten, spart er sich also eine Menge Geld beziehungsweise muss er nicht ganz so viel neues Geld produzieren, um seine Schulden zu bedienen. Denn der zu zahlende Kreditzins wird dann natürlich tiefer sein.

Wie aber schafft es der Staat, die Erwartung hinsichtlich der Geldentwertung niedrig zu halten? Nun, wenn man über die nötigen Geldmittel verfügt, ist das recht einfach. Man stellt eine große Anzahl Mitarbeiter ein und lässt sie für sich arbeiten, getreu dem Motto »Traue keiner Statistik, die du nicht selbst gefälscht hast«.

Zu diesem Zweck hat sich der Staat irgendwann einmal das *Statistische Bundesamt* gegönnt. Das heißt, er gönnt es sich immer noch. Dort arbeiten 2.940 Mitarbeiter für ihn (Stand 2013). Die fertigen Monat für Monat unzählige Statistiken an, die genau genommen kein Mensch braucht. Vom Statistischen Bundesamt jedenfalls wird monatlich die sogenannte Teuerungsrate vermeldet, auch gerne Inflationsrate genannt. Und aus der Teuerungsrate bildet sich dann der Verbraucherpreisindex.

Die Teuerungsrate gehört wohl zu den komplexesten, am schwierigsten nachzuvollziehenden volkswirtschaftlichen Kennzahlen überhaupt. Wahrscheinlich machen es die Statistiker im Auftrag ihres Arbeitgebers (der Staat) deshalb so kompliziert, damit kein Laie auch nur den Hauch einer Chance hat, die Zahlen zu überprüfen. Und wenn vonseiten der Bürger ab und zu Zweifel an den offiziellen Zahlen zur Preissteigerung aufkommen, dann wiegelt man ab, mit dem Hinweis, das sei alles nur Einbildung, und es handle sich um die sogenannte »gefühlte Inflation«. Was sind wir Bürger doch dumm. Wir »fühlen« die Teuerung wohl einfach falsch.

Mit der offiziellen Teuerungsrate des Statistischen Bundesamtes – die Bezeichnung Preisinflation wollen wir auch gelten lassen – wird einzig und allein ein Ziel verfolgt: *Die laufend stattfindende Geldentwertung soll verschleiert und ein Vertrauensverlust in das staatliche Geld verhindert werden.* Denn ein Papiergeldsystem hängt eben am Vertrauen. Geht das verloren, schießen die Preise in die Höhe, keiner will das Papier mehr haben und das System bricht zusammen. Weimar, anno 1923, lässt grüßen. Daran hat der Staat freilich kein Interesse. Er will ja weiterhin von seiner Kontrolle des Geldwesens profitieren. Die Manipulation der erwarteten Teuerung nach unten gehört daher zu seinen geübtesten Kabinettstückchen.

Bei der Berechnung der Preissteigerungsrate bedienen sich die Statistiker einer Art virtuellem Warenkorb. In den wird alles reingepackt, was Sie und Ihre Familie in der Regel so zum Leben brauchen: Wohnen, Nahrungsmittel, Hygieneartikel, Auto und so weiter. Und jetzt halten Sie mal schnell mit einer Hand die nächsten Zeilen zu, dann können Sie mit sich selbst einen kurzen Test machen: Wie hoch schätzen Sie den prozentualen Anteil, den Sie monatlich von Ihrem Gehalt für Nahrungsmittel und Strom aufwenden müssen? Überschlagen Sie einfach einmal.

Im Statistischen Warenkorb jedenfalls sind per Ende 2013 Nahrungsmittel mit 10,3 Prozent und Stromkosten mit 2,6 Prozent gewichtet. Ihr Anteil ist höher? Na, was fällt Ihnen eigentlich ein, warum essen Sie so viel? Und warum lassen Sie immer und überall das Licht so lange brennen? Denken Sie gefälligst an die Umwelt, gehen Sie früher ins Bett oder zünden Sie öfter mal eine Kerze an, das tut's doch auch und ist sogar noch stimmungsvoller! Jedenfalls stimmungsvoller als das kalte Licht der von der EU verordneten Energiesparlampen. Außerdem können Sie eine Menge Geld sparen und prozentual mehr für andere Dinge wie Kerzenwachs ausgeben. Zynisch, nicht wahr? Aber Sie verhalten sich eben nicht so, wie die Statistiker das annehmen.

Für eine vierköpfige Familie mit einem Monatsnettoeinkommen von angenommen 3.000 Euro jedenfalls bedeuten diese Werte, dass für Nahrungsmittel und Strom zusammen nur knapp 390 Euro aufgewendet werden müssten. Aber gerade diese beiden Haushaltsposten sind in den letzten Jahren erheblich teurer geworden. Wenn Sie dieses Budget jetzt mit Ihrem vergleichen und das anschließend vielleicht gleich mit Ihrer besseren Hälfte besprechen wollen, da möchten wir uns bitte lieber kurz zurückziehen. Zu welchen Resultaten die gleiche Rechnung bei manch alleinstehender Rentnerin führt, die mit einem monatlichen Einkommen von 800 Euro auskommen muss, darüber wollen wir hier gar nicht erst reden.

Tatsache ist und bleibt, dass die Gewichtung dieser beiden – große Teile eines durchschnittlichen Familieneinkommens verschlingenden – Positionen eindeutig viel zu niedrig angesetzt ist. Bei niedrigen Einkommen wirkt sich die falsche Gewichtung natürlich noch wesentlich gravierender aus.

Ach ja, das mit den *Hedonischen Methoden in der amtlichen Preisstatistik* müssen wir Ihnen unbedingt noch erklären. Klingt kompliziert? Keine Angst, ist es nicht. Denn das bedeutet nichts anderes, als dass beispielsweise Ihr neuer PC mit der doppelten Leistung Ihres alten Gerätes von vor vier Jahren zwar gleich viel in der Anschaffung kostet, der Statistiker aber einen *niedrigeren* Preis ansetzen darf. Er tut also so, als wäre der Preis gefallen. Begründet wird das offiziell so: *Daher ist es notwendig, qualitative Verbesserungen der Produkte bei der Preismessung zu quantifizieren und aus der Preisentwicklung herauszurechnen.* Das Problem ist nur, der Preis ist gar nicht gefallen. Und einen PC mit der niedrigen Leistung Ihres vorigen Modells können Sie überhaupt nicht mehr kaufen. Außerdem würde auch die neueste Software darauf nicht mehr funktionieren. Die so herbeigezauberten Preissenkungen – im richtigen Leben gibt es sie überhaupt nicht – helfen, die Preissteigerungen aus anderen Bereichen, beispielsweise bei den Nahrungsmitteln und Energie, zu kompensieren.

Im Preis stark ansteigende Komponenten des Warenkorbes zu niedrig gewichten und mit virtuellen, in der Realität nicht existierenden Preissenkungen verrechnen? Sie müssen zugeben, das sieht nach Methode aus.

Wenn Sie an dieser Stelle möchten, legen Sie doch eine kurze Lesepause ein und schauen Sie sich auf der Website des Statistischen Bundesamtes (www.destatis.de) etwas näher um, vor allem in der Rubrik »Preise«. Es wird Ihnen die Sprache verschlagen. Wir bezeichnen es schlicht und einfach als dreist, mit welch irrsinnigen und komplexen Berechnungsmethoden das Thema *Preise* für den Bürger zu einem Buch mit sieben Siegeln gemacht wird.

Die amtliche Preisstatistik jedenfalls spielt eine ganz wesentliche Rolle beim Täuschen der Bürger über die wirklich stattfindende Geldentwertung und somit über die Enteignung, die ihnen laufend widerfährt.

Erinnern Sie sich bitte an Kapitel drei, wo wir beschrieben haben, dass durch technologische Neuerungen und die internationale Arbeitsteilung die Preise in den letzten Jahren hätten fallen müssen. Warum wird die Möglichkeit fallender Preise nicht zur Diskussion gebracht? Macht Sie das nicht misstrauisch?

Was glauben Sie? Wie hoch wäre der Zinssatz, den der Staat für seine Kredite zahlen müsste, wäre der wirkliche Kaufkraftverlust, den die Käufer von Staatsanleihen befürchten müssen, völlig transparent? Zwar können wir Ihnen das nicht auf ein paar Prozentpunkte genau sagen. Darauf kommt es auch gar nicht an. Eines aber können wir mit Gewissheit sagen, und wir sind ganz sicher, dass Sie uns auf Basis unserer Argumentation zustimmen werden: Würde der Staat (die Regierung, das Statistische Bundesamt oder wer auch immer) die offizielle Teuerungsrate nicht optisch niedrig halten, wäre der Zinssatz, den der Staat für seine Kredite zahlen müsste, um den durch die Geldmengenausweitung entstehenden Geldwertverlust auszugleichen, höher als der Zinssatz, den er aktuell zahlen muss, indem er uns die Mär vom stabilen Geld erzählt.

Wichtig zu bemerken ist an dieser Stelle auch, dass die Vermögensmärkte, also vor allem Aktien und Immobilienmärkte, in die Preisstatistik *nicht* mit einfließen. Und gerade dort sind die Preise in den letzten Jahren am stärksten gestiegen. Bei der offiziellen Teuerungsrate fällt das aber völlig unter den Tisch. Wundert Sie das noch? Die Fachleute sprechen hier auch von »asset-price-inflation«, wenn beispielsweise die Anlageklasse *Aktien* durch die Geldmengenausweitung nach oben getrieben wird.

Preissteigerungen auf Vermögensmärkten sind ebenfalls ein bedeutender Faktor, warum die Spaltung der Gesellschaft in Arm und Reich immer weiter fortschreitet. Kann eine Familie gerade noch so von ihrem Einkommen leben, dann bleibt nun mal kein Geld übrig, um in Aktien zu investieren. Von der Investition in eine eigene oder vermietete Immobilie ganz zu schweigen. Und wenn es der Normalfamilie doch mal gelingt, ein paar Euro auf die Seite zu legen, dann kann sie es sich gar nicht leisten, Schwankungsrisiken einzugehen, mit denen man bei einer Investition in Sachwerte zwangsläufig rechnen muss. Diejenigen, die schon Vermögen haben, profitieren von den Steigerungen an den Vermögensmärkten. Sie werden immer reicher und können ihr Vermögen als Sicherheit nutzen, um noch weitere Kredite aufzunehmen und noch mehr Aktien oder Immobilien zu kaufen.

Wir haben bereits gesehen, dass den Regierungen die Finanzierung der Staatsausgaben durch Geldproduktion, die sogenannte Inflationssteuer, ans Herz gewachsen ist, da die Bürger sie nicht als so schmerzhaft empfinden wie gewöhnliche Steuern. Und vor allem können sie deren Urheber gewöhnlich nicht ausmachen – jedenfalls, bis sie dieses Buch gelesen haben.

Die Ausgabenfinanzierung durch Geldmengenausweitung ist für den Staat jedoch noch in anderer Hinsicht attraktiv, denn steigende Preise für Güter und Dienstleistungen stehen in *direktem* Zusammenhang mit den Steuereinnahmen. Zum Thema »Steuern« ließe sich übrigens leicht ein eigenes Buch schreiben, dennoch ist es an dieser Stelle unerlässlich, einige wenige Worte darüber zu verlieren. Wenn die Steuereinnahmen des Staates nämlich wieder einmal kräftig zugelegt haben, dann überschlagen sich Pressemeldungen, die der Bekanntgabe eines Unternehmens vom eigenen Rekordgewinn in nichts nachstehen. Aber es gibt einen ganz bedeutenden Unterschied. Zu Unternehmen gehen die Menschen *freiwillig*, um deren Produkte und Dienstleistungen zu erwerben. Nur durch das Bereitstellen eines attraktiven Produktes können Firmen Gewinne erwirtschaften. Wenn ihnen das nicht gelingt, verschwinden sie vom Markt. Ein Rekordgewinn ist also Anzeichen eines äußerst attraktiven Produktes und auch für die Allgemeinheit ein Grund zum Feiern. Steuern zahlen die Menschen dagegen *nicht* freiwillig. Jeder, der daran festhält, die Steuern als in irgendeinem Sinne *freiwillige Zahlung anzusehen, kann jedoch sehen, was passiert, wenn er sich entscheidet, nicht zu zahlen*, schreibt Murray N. Rothbard in seinem Buch *Für eine neue Freiheit*.

Der Staat steht intern in keinerlei Wettbewerb, zu niemandem. Er besitzt in seinem Territorium das Gewaltmonopol. Das ist schlimm genug. Aber dann sollen sich seine Mitarbeiter wenigstens nicht auch noch mit Rekordsteuereinnahmen brüsten – sie haben dafür schlichtweg keine Leistung erbracht. Sie haben keine neuen Produkte entwickelt und keine Werte geschaffen.

Das ist gerade so, als würde sich ein Taschendieb damit brüsten, in einem Jahr eine Rekordzahl von Brieftaschen geklaut zu haben. Und das vor den Augen der Bestohlenen. Die sollen wohl artig Beifall klatschen. Das Sympathische am Taschendieb ist, dass er sich für gewöhnlich eilig aus dem Staub macht. Man sieht ihn nie wieder – falls man ihn überhaupt gesehen hat. Er weiß, dass er unrecht gehandelt hat. Man muss sich nicht noch von ihm beleidigen und veräppeln lassen. Beim Staat ist das anders. Der verschwindet nicht. Er ist immer da. Kassiert Steuern jahraus, jahrein. Aber das Schlimmste ist, er läuft nicht nur nicht schamhaft davon wie ein Taschendieb, nein: Er gibt vor, dass er Sie nur zu Ihrem Besten bestohlen hat. Sie sollen ihm noch dafür dankbar sein und die Rekordsteuereinnahmen feiern.

Die Staatsdiener sind nur in einem einzigen Bereich innovativ: wie sie am besten an *Ihr* sauer verdientes Geld herankommen. Zurückhaltung kennen sie nicht, und sie schrecken auch nicht davor zurück – und das ist nur ein Beispiel von vielen –, auf Mineralölsteuern oder Stromsteuer auch noch Mehrwertsteuer zu erheben. Darauf muss man erst mal kommen: eine Steuer auf eine Steuer. Das ist mehr als frech und perfide zugleich und steht mittelalterlichem Raubrittertum in nichts nach. Mehr noch, die alten Raubritter würden sich im Grabe umdrehen, wenn sie mit ansehen müssten, mit welchen Tricks heutzutage die Steuereinnahmen optimiert werden. Damals war man wenigstens so ehrlich und rief: *Geld oder Leben.*

Arbeitnehmer und Unternehmer sind die Produktiven. Sie sind es, die im Wettbewerb mit anderen Arbeitnehmern und anderen Unternehmern stehen und Werte schaffen. Unternehmer sind stets bestrebt, mithilfe ihrer Mitarbeiter die Wünsche ihrer Kunden zu erfüllen. Sie versuchen stetig, bessere Produkte zu günstigeren Preisen an den Kunden zu bringen, im Wettbewerb mit anderen Unternehmern, die das Gleiche versuchen. Diese Unternehmer und Arbeitnehmer sind es, die durch Steuererhebung um ihr Einkommen gebracht werden. Aber, oje, jetzt sind wir vom Thema abgekommen. Entschuldigen Sie bitte, aber das musste einfach mal raus. Nun aber zurück zur Frage, wie Geldmengenausweitung und Steuern zusammenhängen.

Beginnen wir mit einer indirekten Steuer, der sogenannten Mehrwertsteuer. Bei jedem Einkauf, den Sie tätigen, jeder Rechnung, die Sie begleichen, ist sie praktischerweise bereits im Preis enthalten. Es liegt also nahe, was passiert, wenn durch die Geldschöpfung die Preise steigen. Natürlich: Die staatlichen Einnahmen aus der Mehrwertsteuer steigen ebenfalls an.

Laut Statistischem Bundesamt betrugen die Einnahmen aus der Mehrwertsteuer im Jahr 2012 rund 142 Milliarden Euro. Zehn Jahre zuvor lagen die Einnahmen bei »nur« rund 105 Milliarden Euro. Das ist eine Steigerung von 35 Prozent (!). Hat sich Ihr Einkommen im gleichen Zeitraum um 35 Prozent erhöht?

Die Steuern steigen aber nicht nur automatisch, sie steigen auch überproportional. Über die Progression bei der Einkommensteuer klaut sich der Staat heimlich, still und leise einen immer größeren Anteil am Kuchen, den andere gebacken haben, dank Teuerung. Sicher kennen Sie den Begriff der »kalten Progression«. Die heißt so, weil Sie von ihr *kalt* erwischt werden. Denn es handelt sich dabei um nichts anderes als eine Steuermehrbelastung. Weil Sie für jeden zusätzlich verdienten Euro den sogenannten Grenzsteuersatz bezahlen müssen, steigt bei jeder Lohnsteigerung auch Ihre Steuerlast an. Doch eigentlich bekommen Sie Ihre jährliche Lohnsteigerung, weil wieder einmal alles teurer geworden ist, oder nicht? Höheren Preisen folgen höhere Löhne. Höheren Löhnen folgen daher überproportional höhere Steuereinnahmen. Warum heben unsere Politiker denn die Lohnsteuertabellen nicht automatisch analog der amtlichen Preissteigerungsrate an? Weil sie den Hals nicht voll genug bekommen können.

Einem Bericht des Steuerberaters Dr. Hans-Georg Jatzek in *Der Hauptstadtbrief* (Ausgabe 119) zufolge musste ein Lediger im Jahr 1960 60.000 Euro brutto verdienen, um den Spitzensteuersatz zahlen zu müssen, heute erwischt es ihn bereits bei 55.000 Euro Jahresbrutto. Überlegen Sie, welch Superjahresgehalt 60.000 Euro, also beinahe 120.000 D-Mark (!), vor über 50 Jahren waren. Anhand des Durchschnittsverdienstes wird die Ausbeutung der Bürger noch viel deutlicher: Musste 1960 ein Erwerbstätiger nämlich fast das 20-Fache des Durchschnitts verdienen, um mit dem Spitzensatz besteuert zu werden, ist heute bereits Spitzenverdiener, wer knapp das Doppelte des Durchschnitts verdient. Das ist unglaublich. Fragen Sie doch mal den Bundestagsabgeordneten in Ihrem Wahlkreis, warum das so ist. Die Antworten würden uns interessieren, Sie dürfen uns diese gerne zusenden.

In den letzten 30 Jahren stiegen dank solch räuberischer Machenschaften die Steuereinnahmen von Bund, Ländern und Gemeinden von 190 Milliarden auf glatt 600 Milliarden Euro im Jahr 2012. So ist es auf der Internetseite des Bundesfinanzministeriums nachzulesen.

Argumente, warum das alles so ist, werden uns natürlich zuhauf geliefert: *Der Staat hätte doch soziale Pflichten und Aufgaben zu erfüllen.* Sicher, genau wie der arme Taschendieb, der beteuert, wie viele Kinder er zu versorgen hat. Das sind Worthülsen, nichts als substanzloses Geschwätz. Fakt ist: Der Staat zieht durch Inflation und Verschuldung mehr und mehr Ressourcen und Aufgaben an sich.

Stellen Sie sich nur einmal vor, die Geldmengen würden ab sofort nicht mehr erhöht. Davon abgesehen, dass unsere geldabhängige Junkie-Volkswirtschaft sofort in sich zusammenbrechen würde, wären fortan keine steigenden Preise mehr zu erwarten. Jedenfalls keine durch Geldschöpfung ausgelösten Preissteigerungen, die automatisch zu höheren Steuereinnahmen führten. Die gegenwärtig durch die immerwährende Geldproduktion gedrückten Zinsen würden emporschnellen. Der Staat könnte seine Ausgaben nicht mehr durch Geldproduktion decken und würde überschuldet zusammenbrechen. Der politische Wasserkopf wäre mit sofortiger Wirkung nicht mehr finanzierbar.

Nachdem Methode hinter dem bisher Beschriebenen zu stecken scheint, muss die Frage erlaubt sein, *welcher* Plan dabei verfolgt wird. Kann es sein, dass der Politikbetrieb die scheinbaren Gründe für seine Existenzberechtigung selbst schafft? Jeder braucht natürlich seine Daseinsberechtigung. Wenn jemand täglich fleißig seiner Arbeit nachgeht, produktiv ist, wenn ein Unternehmen Produkte herstellt oder Dienstleistungen anbietet, die von den Kunden gekauft und angenommen werden, dann ist diese »Daseinsberechtigung« offensichtlich. Aber, wer braucht einen Politiker, vor allem gleich so viele davon? Und wer würde ihn brauchen, stünde ihm kein Geld zur Verfügung, mit dem er um sich werfen kann? Nehmen Sie ihm doch mal gedanklich das Geld weg. Was bleibt ihm dann?

Der Staat macht mit seinem Geldwesen, der Geldmengenausweitung und der immer stärker steigenden Verschuldung tendenziell Arme ärmer und Reiche reicher. Weil das aber fast niemand durchschaut, schiebt er die Schuld hierfür regelmäßig anderen in die Schuhe. Nun tritt er als Fürsorger auf und beginnt Einkommen umzuverteilen. Er nimmt den Reichen und gibt den Armen. Nett, nicht? Das ist seine scheinbare »Daseinsberechtigung«, die er sich selbst schafft. Er gibt vor, die Probleme zu lösen, die es ohne sein Geldmonopol so nicht gäbe.

Nicht nur die Bürger, auch die Unternehmen werden von staatlichen Leistungen immer abhängiger. Die einen über Sozialleistungen, die anderen über alle Arten von Subventionen. Rund die Hälfte des Bruttoinlandsproduktes fließt in den meisten Industrienationen durch staatliche Hände. Der Staat ist zu einer gigantischen Umverteilungsmaschine und einem bedeutenden Auftraggeber geworden, der eine immer größer werdende Abhängigkeit erzeugt.

Wie sich *immer mehr Staat* auf die Freiheit des Einzelnen auswirkt, wird uns in Kapitel sieben beschäftigen. Dass dies keine positiven Auswirkungen sein können, liegt auf der Hand.

Bei den Bürgern sollte die Vorstellung, man könnte dem Staat das Geld wieder abnehmen, größte Freude auslösen. Doch nach wem rufen die meisten instinktiv, wenn sie in eine Notsituation geraten? Genau. Sie rufen nach dem Staat. Das ist es, was der Staat mit seinem *schlechten Geld* geschafft hat. Er hat bei Menschen und Unternehmen Abhängigkeit geschaffen. Abhängigkeit von staatlichen Sozialleistungen, staatlichen Aufträgen, staatlichen Subventionen und sonstigen Geldleistungen. Der Staat hat die Menschen korrumpiert.

Der Ökonom Thorsten Polleit, Präsident des Ludwig-von-Mises-Instituts Deutschland, hat in diesem Zusammenhang den Begriff der »kollektiven Korruption« geprägt. Als Folge der kollektiven Korruption befürwortet ein großer Teil der Bevölkerung zunehmend das Tun des Staates, obwohl viele instinktiv fühlen, dass die uferlose Geldvermehrung und daraus resultierende Verschuldung kein gutes Ende nehmen kann. Die Menschen schweigen und akzeptieren es. Akzeptieren es, dass strauchelnde Banken und Staaten mit Geldspritzen der Notenbanken gerettet werden. Akzeptieren es aus Angst um eigene Besitzstände. Denn würden Banken, Versicherungen und überschuldete Unternehmen wirklich pleitegehen, verlören viele Sparer Geld und Menschen ihre Arbeit. Zumindest kurzfristig. Also lieber Augen zu und weiter so und immer mehr Geld herstellen. Viele verdrängen, dass sie sich mit dieser Einstellung langfristig ihr eigenes Grab schaufeln.

Abhängigkeit erzeugen verschafft Macht. Macht über die Abhängigen. So schließt sich der Kreis. Die Angst vieler, dass das Staatsgeld nicht mehr so üppig fließen könnte, setzt Staat, Regierung und sonstige politische Machthaber in eine Position, die ihnen nicht zusteht. Sie haben sich diese Position nicht redlich erarbeitet, sondern sich ungerechtfertigt durch die Etablierung *schlechten Geldes* verschafft. Sie nutzen das staatliche Geld zu ihrem eigenen Vorteil und zur Festigung ihrer Position.

Wir fassen zusammen:

Um die Mittel für die stets enormen und immerfort steigenden Staatsausgaben vor allem für die Finanzierung des »Wohlfahrtsstaates« zu beschaffen, gehen Regierungen statt Steuererhöhungen lieber den Weg der Verschuldung. Die Belastungen sind so für die Bürger nicht direkt spürbar. Die Zusammenhänge zwischen Staatsverschuldung und deren Folgen – Umverteilung von Einkommen und Vermögen sowie Kaufkraftverlust – werden geschickt verschleiert. So wird klar, warum Politiker das Papiergeld so sehr lieben und mit allen Mitteln daran festhalten wollen und werden. Denn eine Staatsverschuldung in den gegenwärtigen Dimensionen ist nur in einem staatlich monopolisierten Papiergeldsystem möglich.

Mithilfe des Verbraucherpreisindex, ermittelt vom Statistischen Bundesamt, wird dem Bürger eine vermeintliche Geldstabilität vorgegaukelt, die es in Wahrheit nicht gibt. Dies hat den Zweck, das Vertrauen in das staatliche Geld aufrechtzuerhalten und den Kreditfluss an den Staat zu möglichst günstigen Konditionen zu gewährleisten. Potenzielle Preissenkungen werden durch Ausweitung der Geldmengen gezielt verhindert.

Die Ausweitung der Geldmenge führt zu steigenden Preisen, zu steigenden Gewinnen der Unternehmen und zu steigenden Löhnen der Arbeitnehmer. Das erhöht die Einnahmen des Staates über alle Steuerarten hinweg automatisch. Durch Steuerprogression stehen ihm mehr Mittel zur Verfügung als ohne Steigerung des allgemeinen Preisniveaus. Gleichzeitig entwertet die Teuerung die bereits aufgetürmten Staatsschulden auf Kosten von Sparern und Geldnutzern.

Staatsgeld und Inflation haben ein instabiles und korruptes Finanzsystem geschaffen, von dem immer mehr Menschen direkt oder indirekt abhängen, aber das nur der Staat aus den immer wiederkehrenden Notsituationen retten kann. Immer mehr Staatsausgaben haben eine immer größere Abhängigkeit der Menschen zur Folge. Die Macht des Staates wächst und festigt sich immer mehr. Die Menschen werden durch das schlechte Staatsgeld korrumpiert, akzeptieren aus Angst um ihre Besitzstände fortwährendes Gelddrucken und schließen die Augen vor der unausweichlichen Katastrophe.

6. Was Inflation mit den Menschen macht

Der mit Schulden belastete Mensch nimmt irgendwann die Gewohnheit an, sich hilfesuchend an andere zu wenden, anstatt sich zu einem ökonomischen und moralischen Anker für seine Familie und seine weitere Gemeinschaft zu entwickeln.

Jörg Guido Hülsmann

Wir wissen nicht, wie alt Sie sind, aber wenn Sie nicht mehr zu den ganz Jungen gehören, dann sind Sie bestimmt in dem Alter, wo man sich und andere immer wieder mal gerne an »früher« erinnert. Und sollten Sie noch etwas älter sein, dann schwelgen Sie bestimmt manchmal in den »guten alten Zeiten«. Ihren Kindern oder vielleicht sogar Enkelkindern haben Sie ganz sicher auch schon darüber berichtet, dass früher vieles besser war. Aber was soll denn früher eigentlich so »gut« oder vielleicht sogar »besser« gewesen sein? Wir haben doch heute im Gegensatz zu »früher« alles, und das im Überfluss.

Was auf den ersten Blick nur ein Gefühl zu sein scheint, erweist sich bei genauerer Betrachtung als Realität. Das ganze Leben ist hektischer geworden, oder? Wohlgemerkt, das *ganze* Leben: Familie *und* Beruf. Und auch Familie und Beruf miteinander zu vereinbaren, wird irgendwie immer schwieriger. Der Druck im Job nimmt immer mehr zu, und am Ende bleibt häufig die Familie auf der Strecke. Immer mehr

Ehen werden geschieden. Es gibt immer mehr alleinerziehende Mütter. Aber warum ist das so? Wo verstecken sich die Ursachen für die vielen Missstände in unserer Gesellschaft? In dieser unserer Gesellschaft, die sehr häufig als immer kurzfristiger orientierte Wegwerf- oder Konsumgesellschaft bezeichnet wird. Fragen über Fragen. Mit ihnen wollen wir uns nun beschäftigen. Nun werden Sie skeptisch einwerfen: *Die werden doch nicht etwa darauf hinauswollen, dass alle diese Missstände mit der Geldordnung zusammenhängen? Das ist doch übertrieben!* Warten Sie erst einmal ab …

Kehren wir zurück in unsere kleine Stadt. Dort ist jedenfalls noch alles in Ordnung. Die Geldordnung ist eine wettbewerbliche, private Geldordnung. Der König lässt – Gott sei Dank – seine Finger vom Geldwesen. Die Menschen verwenden Gold- und Silbermünzen als Zahlungsmittel oder setzen Lagerscheine an deren Stelle ein. Jedenfalls funktioniert das alles nach wie vor wunderbar.

Der König mischt sich auch sonst in das Leben seiner Untertanen so gut wie nicht ein. Die wenigen Abgaben, die er von ihnen verlangt, dienen dazu, für ihre Sicherheit zu sorgen. Er unterhält mit diesen Einnahmen eine kleine Armee und schützt so das Eigentum der Bürger vor fremden Übergriffen. Die Menschen in der Stadt leben in Sicherheit, denken sehr zukunftsorientiert und sind sehr sparsam. Wenn jemand ein Darlehen braucht, muss die Mittel hierfür ein anderer zuvor angespart, also auf Konsum verzichtet haben. Aber Kredite aufnehmen, das machen die Leute nur im Ausnahme- oder Notfall. Sie neigen eher dazu, die Geldmittel, die sie für Anschaffungen benötigen, erst anzusparen.

So agiert auch unser Fischer, der, dem Vorbild seiner Vorfahren folgend, ein profitables Familienunternehmen führt. Er würde nie auf die Idee kommen, einen Fernseher oder eine Reise auf Kredit zu kaufen. Warum auch? Es wird ja tendenziell immer alles günstiger. Langfristig fallen die Preise. Auch für sein Familienunternehmen hat der Fischer noch nie einen Kredit aufgenommen. Investitionen hat er stets aus zurückbehaltenen Gewinnen gestemmt. Einmal, als er ein größeres Boot kaufen wollte, hat er auch Anteile an dem Kahn an Investoren verkauft, die vorher gespart hatten. Warum sich unnötig mit einem Kredit belasten, wo doch die Preise auch noch fallen, was die Rückzahlung erschwert?

Nach der »Erst-sparen-und-dann-kaufen«-Methode verfahren die meisten Menschen in der Stadt; sowohl bei kleinen als auch bei größeren Anschaffungen. Bis hin zum Kauf eines eigenen Hauses oder einer eigenen Wohnung. Diese Vorgehensweise ist leicht nachvollziehbar, denn die Preise in der Stadt weisen langfristig eine fallende Tendenz auf. Das heißt, die Kaufkraft des Geldes nimmt mit der Zeit leicht zu. Denn die Produktion von Gütern nimmt stetig zu, und die Geldmenge wächst nur in geringem Maße, nämlich nur in Höhe der Menge, wie neues Gold und Silber geschürft wird. Da die Güterpreise nicht steigen, macht es keinen Sinn, sich unnötig mit Darlehen und in der Folge mit Kreditraten zu belasten, es läuft ja nichts davon. Es geht alles locker und entspannt zu. Wer Geduld hat, wird mit tieferen Preisen belohnt. Das Sparen ist auch ganz einfach und unkompliziert. Man braucht kein Börsengenie zu sein, um sein Vermögen zu erhalten. Man legt einfach Bargeld zurück, das langfristig immer weiter an Wert gewinnt.

So hat der Fischer einen Sack mit Goldmünzen im Keller vergraben: für seinen Lebensabend oder seine Erben. Die Goldmünze, die ihm heute einen Anzug kaufen kann, wird das auch noch in 50 Jahren vermögen; und wahrscheinlich reicht es noch für einen schicken Zylinder obendrauf.

Die allgemeine Stabilität und Zuverlässigkeit prägen die Lebensplanung und auch das Wesen der Leute. Langfristiges Planen zahlt sich aus. Vor allem auch das Sparen. Ein gesundes Gottvertrauen und eine allgemeine Unbeschwertheit bestimmen die Gemüter.

Die Mehrzahl der Unternehmer finanziert ihre Projekte überwiegend aus Eigenkapital. Sie agieren konservativ und vorsichtig; man meidet Schulden. Für das Leben der Menschen hat die geringe Schuldenlast eine ganz entscheidende Bedeutung. Sie bleiben so nämlich sehr unabhängig und flexibel. Unser Fischer muss keine Hypothek abstottern. Nachdem er zehn Jahre lang aus seinen Einnahmen Geld zurückgelegt hat, erwirbt er für seine Familie ein Eigenheim. Er steht auch geschäftlich bei den Banken nicht in der Kreide. Er handelt autonom und ungebunden. Wenn er will, kann er sich sogar mal eine Auszeit leisten, »Sabbatical« nennt man das heute. Kein Schuldenberg zwingt ihn zur Akkordarbeit. Er kann philosophieren, nachdenken, lange Reisen unternehmen oder sich um seine Familie kümmern; steht er doch auf festen Füßen. Es drängt ihn nichts und niemand dazu, immer mehr, immer schneller Geld verdienen zu müssen.

Es ist natürlich auch nicht so, dass Kredite völlig unbekannt wären. Die Unternehmer in der Stadt nehmen durchaus mal einen Kredit auf. Aber sie tun das nicht im Übermaß. Das ginge auch gar nicht, schließlich – wir erinnern an die bestehende Geldordnung – gibt es kein Geld aus dem Nichts zu künstlichen Billigzinsen. Und das Geld, das für Kredite zur Verfügung steht – auch hierauf sei noch einmal hingewiesen – muss erst jemand angespart haben. Jemand muss auf Konsum verzichtet haben.

Zudem nehmen die Unternehmer nur dann Kredite auf, wenn sie sich ganz sicher sind, dass sie stets all ihren Darlehensverpflichtungen nachkommen können. Sie kalkulieren ihre Investitionen äußerst vorsichtig und bauen ordentliche Sicherheitspuffer ein, für den Fall, dass die Geschäfte mal schlecht laufen sollten. Die Fremdkapitalquote der Unternehmen ist entsprechend niedrig.

Weil die Menschen also kaum Schulden machen und sie gewöhnlich weniger konsumieren als produzieren, steigen der Kapitalstock und somit der Wohlstand in der Stadt stetig an. Die Wohlstandsvermehrung kommt allen zugute. Denn die Kaufkraft nimmt ständig zu. Gleichzeitig sind die vom König erhobenen Steuern minimal. Im Normalfall genügt den Familien in der Stadt deshalb *ein* Einkommen, um die Familie zu ernähren. Und um die Oma, die bei der Familie wohnt, mitzuversorgen, reicht das Geld in der Regel auch noch aus. Die Frauen können sich so der Erziehung der Kinder widmen.

Auweia, jetzt sind wir in ein Fettnäpfchen getreten. Das verstößt ja schließlich komplett gegen das heutzutage vorherrschende Rollenbild. Aber dass wir uns nicht missverstehen. Es liegt uns nichts ferner, als Frauen zu raten, statt zu arbeiten und sich zu verwirklichen, sich besser der Kindererziehung zu widmen. Es sei aber die Frage erlaubt, ob viele Mütter heute arbeiten gehen, weil sie das wirklich wollen, oder weil der Familie sonst das Geld nicht zum Leben reicht. Wir sind vielmehr der Meinung, dass den Menschen nach Abzug von Steuern, Sozialabgaben und permanenter Geldentwertung zu wenig von ihrem Einkommen übrig bleibt, als dass sie überhaupt frei darüber entscheiden könnten, ob ein Elternteil sich der Kindererziehung widmen kann oder nicht. Folglich verbringen immer mehr Klein- und Kleinstkinder ihren Alltag in einer staatlich geförderten Kindertagesstätte. Ob dies den Kindern wirklich zugutekommt und welche langfristigen Folgen eine verringerte Elternbindung in den ersten Lebensjahren haben mag, sollten Erziehungsexperten bewerten. Fakt jedoch ist, dass heute kaum noch die Option besteht, dass ein Elternteil sich ganztags um die Kinder kümmert. Aus biologischen Gründen sind – ja, ja, wir wissen es, das darf man nicht sagen – Frauen darin einfach besser. Sie können Babys die Brust geben und die Kinder in der Regel schneller trösten. Aber sei's drum: Ständige Teuerung und hohe Steuerlast nehmen den meisten Eltern sowieso von vornherein diese Option. Aber warum sind die Steuern so hoch? Ja, mit irgendwelchen Mitteln müssen schließlich die Kitas gefördert werden. Bizarr, nicht wahr? Die Eltern werden geschröpft, um Kitas zu finanzieren, die sie ohne diese Schröpfung vielleicht gar nicht nötig hätten. Und wem dient das alles, wer gewinnt Einfluss und Macht? Sie wissen schon …

Aber zurück in unsere kleine Stadt. Dort können die meisten Eltern frei darüber entscheiden, ob ein Elternteil zu Hause bei den Kindern bleibt oder ob beide einer Berufstätigkeit nachgehen möchten. Sie stehen nicht unter dem *finanziellen* Druck, dass *beide* unbedingt arbeiten gehen müssen, damit die Familie ein ausreichendes Einkommen zur Verfügung hat. Denn die Abgaben in der Stadt sind, wie erwähnt, äußerst niedrig. Natürlich gibt es auch Familien, bei denen in der Haushaltskasse ständig Ebbe herrscht und beide Elternteile arbeiten gehen *müssen*, aber das ist eher die Ausnahme.

Und wenn die Eltern beide arbeiten wollen, dann bezahlen sie eben eine Tagesmutter – und zwar aus ihrer eigenen Tasche. Oder die Oma passt auf die Kinder auf, die wohnt ja schließlich im Haus, schon vergessen?

Jedenfalls ist kaum jemand in der Stadt auf irgendwelche Wohlfahrtsleistungen des Königs angewiesen. Der »bietet« – aber das nur so ganz nebenbei – auch gar keine an. Die Menschen selbst sind es, die Unterstützung und Hilfe leisten, wenn jemand in ihrem persönlichen Umfeld in Not gerät. Sie denken jetzt bestimmt: *Die beiden Autoren können nicht von dieser Welt sein. Einer unterstützt den anderen? Völlig abwegig und unrealistisch.* Nun ja, heute, in dieser schnellen Welt, in der alles immer teurer wird, die Steuerlast unerträglich und die Unsicherheit hinsichtlich Vermögen und Erwerb gewaltig ist, fällt es auch schwerer zu helfen. Aber Hand aufs Herz. Haben Sie noch nie jemandem geholfen? Haben Sie noch nie einem Straßenmusikanten eine Münze in den Hut geworfen? Haben Sie noch nie Freunden einen Rat erteilt oder Familienangehörige unterstützt? Wer glaubt, Menschen würden anderen, vor allem Familie und Freunden, nicht helfen, der lebt doch in einer anderen Welt.

In unserer Stadt ist die Hilfsbereitschaft noch weit ausgeprägter. Die Leute hier haben dank niedriger Steuerlast und Teuerung auch die Mittel zum Helfen und sind überhaupt nicht materialistisch eingestellt. Über Geldanlagen müssen sie sich aufgrund der Wertstabilität ihres Geldes kaum Gedanken machen. Die Menschen brauchen nicht aus Angst vor der Zukunft und den Gläubigern ihr ganzes Vermögen möglichst renditeträchtig anzulegen. Nichtkommerzielle Einkommensverwendungen sind daher recht häufig. Die Leute stöhnen zudem nicht unter einem Schuldenberg, der sie zum Arbeiten zwingt. Sie haben genügend Zeit, sich ehrenamtlich zu betätigen und anderen zu helfen. Neid kennt man kaum. Und Neid und materialistisches Renditestreben sind genau *die* Faktoren, die Menschen davon abhalten, andere, die in Not geraten sind, zu unterstützen. Da auch der König keine wohlfahrtsstaatlichen Leistungen anbietet, die als Ausflüchte herhalten könnten, ist die Hilfsbereitschaft sehr hoch.

Kommen wir nun zu einem ganz wichtigen Punkt. Wir haben gerade schon angesprochen, dass in unserer Stadt von Privatleuten kaum Schulden gemacht werden, höchstens Unternehmer und Geschäftsleute setzen Kreditmittel ein, um sich zu finanzieren. Logischerweise wird also die gesamte Zinslast in der Stadt nicht sonderlich hoch sein. Und je niedriger die Zinslast, die in Summe von einer Volkswirtschaft in Relation zur Wirtschaftskraft aufgebracht werden muss, umso weniger »Druck ist im Kessel«, um es mal ganz platt zu formulieren. Und genau aus diesem Grund geht es in der Stadt auch überhaupt nicht hektisch zu. Natürlich müssen die Leute ihre Arbeit erledigen, das Schlaraffenland ist die Stadt nun mal auch nicht. Aber sie hetzen nicht durch ihren Arbeitstag. Und »immer schneller, immer mehr« kennt man nicht. Die Leute haben so richtig Zeit für die schönen Dinge des Lebens. Sie nehmen sich öfter eine berufliche Auszeit, sie kümmern sich selbst um ihre

Kinder in den ersten Lebensjahren, sie erfreuen sich des tiefsinnigen Nachdenkens, der inhaltsvollen Gespräche und Kultur, sie treiben Sport und reisen, legen Wert auf gute Erziehung, Bildung und Manieren. Und Zeit für spirituelle Erfahrungen bleibt auch. Kurzum, die meisten Menschen sind ausgeglichen, entspannt, glücklich und zufrieden.

Doch eines Tages stattet ein Mann namens *John Law* dem König einen Besuch ab. Dass dieser Mann genauso heißt wie der, der im 18. Jahrhundert eine der größten Papiergeldblasen aller Zeiten verursacht hat ... reiner Zufall. Alle Namen, Personen und Handlungen in unserem Buch sind frei erfunden. Ähnlichkeiten mit lebenden oder verstorbenen Personen sind rein zufällig und völlig unbeabsichtigt. Auf alle Fälle kommt Laws Besuch dem König gerade recht. In jüngster Zeit haben einige Bürger nämlich vorgeschlagen, sie könnten für ihre Sicherheit doch auch selber sorgen, in besserer Qualität und preiswerter als der König. Irgendwie scheinen die Bürger langsam zu einer Gefahr zu werden. Sie sind so selbstständig und unabhängig ... wofür brauchen sie den Souverän überhaupt noch?

Dem König passt das natürlich ganz und gar nicht, schließlich verdient er ganz ordentlich an seinen Sicherheitsdienstleistungen. Am Ende würden die Bürger seine Dienste nicht mehr in Anspruch nehmen wollen, und ihm würde der größte Teil seiner Einnahmen verloren gehen. Was also tun? Nun ja, er bräuchte eine Art Selbstrechtfertigung: neue Aufgaben. Man müsste den Bürgern eintrichtern, dass *nur* der König diese neuen Aufgaben verrichten könnte. Oder zumindest besser als die Bürger selbst. Damit könnte man die Bürger wieder abhängiger machen.

Aber wie das Ganze bewerkstelligen? Die neuen Aufgaben kosten viel Geld, das der König nicht hat. Von den Kosten der begleitenden Medieninitiativen und Bildungsoffensiven gar nicht zu sprechen. So plant er einen öffentlichen Rundfunksender, der die Wichtigkeit der neuen Aufgaben betont, und er möchte die Grundschulen verstaatlichen, um seine Untertanen schon in jungen Jahren für sich zu gewinnen. Also Steuern erhöhen? Nicht jetzt. Eine Steuerrevolte wagt der König nicht zu provozieren.

Aber Gott sei Dank ist ja ein neuer Ratgeber eingetroffen. John Law schlägt dem König vor, sich mit den Goldlagerhäusern zusammenzutun und ihnen die Ausgabe von Lagerscheinen über die Menge des tatsächlich vorhandenen Goldes hinaus zu gestatten. Die zusätzliche Ausgabe von Lagerscheinen würde die Geldmenge erhöhen. Zudem solle in Kürze versucht werden, sich vom „barbarischen Relikt" des Goldes ganz zu lösen und eine fortschrittliche Papiergeldwährung einzuführen. Diese sei leichter und günstiger zu vermehren, was große Vorteile bringe.

Durch die Kreditschaffung aus dem Nichts bräuchten die Menschen nicht mehr so viel zu sparen und könnten sich ihre Wünsche *sofort* erfüllen. Auch seien zusätzliche Investitionen durch die Geldvermehrung finanzierbar, was Arbeitsplätze schüfe. Die abgesenkten Zinsen kurbelten die Wirtschaft an. Und der König könne selbst auch Kredite aufnehmen. Mit diesem Geld ließen sich alle möglichen Wohltaten für die Bürger finanzieren. Das alles würde die Leute ablenken – und was für den König noch viel wichtiger sei: Es würde sie abhängig machen, vor allem von ihm, ihrem König.

Der König kann sich das alles noch nicht so richtig vorstellen, doch hat er eine Wahl? Er folgt den Vorschlägen John Laws und lässt alle Goldmünzen einziehen und gegen druckfrische Papiergeldnoten eintauschen. Das Handeln mit Gold und sein Besitz werden unter Strafe gestellt. An der Druckerpresse wird im Akkord gearbeitet. Die neue Papiergeldwährung verbreitet sich.

Durch die Teildeckung können nun die Banken Geld aus dem Nichts schaffen und zu günstigen Konditionen an Unternehmen vergeben.

Es kommt, wie es kommen musste. Es ist, als ob eine Mauer birst. Die Zinsen fallen, und die Unternehmer starten massenweise neue Projekte. Im Boom steigen dann auch fast alle Preise: Löhne, Aktien, Immobilien. Alle sind zufrieden; Arbeiter, Unternehmer, Bankiers, Aktionäre, der König. Und alle Welt glaubt, man könne ohne große Anstrengungen sprunghaft immer reicher werden. Während des künstlichen, durch Kreditausweitung entfachten und von den Medien euphorisch gefeierten Booms gehen die früher so gelassenen Menschen unserer Stadt an ihre physischen und psychischen Grenzen.

Viele handeln – ausgestattet mit dem fremden billigen Geld – unverantwortlich. Kurzfristige spekulative Operationen und Schlagzeilen liefernde Rekordunternehmensübernahmen werden mit dem neuen Geld finanziert. Eine fast fiebrige Partystimmung, ein gewaltiger Optimismus macht sich breit. Immense Gewinne in kürzester Zeit scheinen möglich und erstrebenswert. Die Zeichen der Zeit ändern sich: Es braucht nicht mehr harte Arbeit, Sparen und Fleiß, um wohlhabend zu werden. Nein, ein paar Börsenspekulationen oder waghalsige Investitionen machen im Kreditfieber über Nacht reich.

Später kommt das dicke Ende: das unweigerliche Platzen der Spekulations- und Investitionsblase, da die neuen Investitionen eben nicht durch reale Ersparnisse, sondern durch die Schaffung neuen Geldes finanziert worden sind. Der konjunkturelle Zusammenbruch demoralisiert eine ganze Generation. Das Vermögen verschwindet so schnell, wie es gekommen ist. In der plötzlichen Armut werfen viele besonders hart Betroffene auch ihre moralischen Prinzipien über Bord. Die neuerdings in unserer Stadt wiederkehrenden Auf- und Abschwünge wirken also sozial verheerend. Erstaunlich, nicht wahr? Hätten Sie das gedacht? Was eine neue Geldordnung so alles bewirken kann!

Die Konjunkturzyklen liefern dem König eine richtige Steilvorlage. Man hört geradezu, wie er und John Law sich ins Fäustchen lachen.

Denn die neue finanzielle Instabilität bedroht viele Existenzen und leistet Vorschub für weitere Regulierungen und Eingriffe. Der König hat ein neues Aufgabenfeld. Er reguliert die Banken, die Versicherungen, schafft staatliche Auffangsysteme wie eine staatliche Arbeitslosenunterstützung und rettet in Schieflage geratene Großunternehmen mit vielen Arbeitsplätzen.

Aber ganz abgesehen von den verheerenden Zyklen, die nun in unserer Stadt ihr Stelldichein feiern, wirkt das staatliche Papiergeld wie ein Kulturschock. Unternehmen greifen zwar relativ schnell zu, doch es dauert eine ganze Weile, bis sich die Menschen an Privatdarlehen heranwagen. Aber da die Preise für Güter und die Dienstleistungen nicht aufhören, nach oben zu klettern, und die Zinsen durch die zusätzlichen (aus dem Nichts entstandenen) Geldmittel fallen, beginnen die Menschen umzudenken. Immer häufiger müssen diejenigen, die nach wie vor auf ihre Anschaffungen hin ansparen, die Erfahrung machen, dass die Preise schneller ansteigen, als sie das hierfür nötige Kapitel zusammenhaben. Und die, die nicht zögern und sich verschulden, scheinen die Gewinner zu sein. Sie wohnen schon in ihren Häusern und besitzen schon ihre Güter, die stetig im Wert klettern, während die »Vorsichtigen« noch am Sparen sind.

Unser Fischer zählt zu diesen schwerfälligeren, vorsichtigeren Zeitgenossen. Er hortet immer noch seine Ersparnisse in bar, wie es sein Vater, Großvater und Urgroßvater schon getan haben. Braver Bürger, der er ist, hat er sein Gold abgegeben und im Gegenzug das neue Papiergeld erhalten. Nur druckt der König ständig neues Geld, und das Bankensystem vergibt Kredite aus dem Nichts, sodass die Preise nicht mehr wie gewohnt stetig fallen, sondern ganz im Gegenteil, steigen.

Als der Fischer sich zu Ruhe setzen will, stellt er fest, dass er zwar auf einem Berg von Papiergeld sitzt, er davon aber seinen Lebensunterhalt nicht bestreiten kann: ein traumatisches Erlebnis für den Fischer und viele andere aus seiner Generation. Die Werte, auf denen die so erfolgreiche Stadtgesellschaft bisher beruht hat, werden plötzlich in ihren Grundfesten erschüttert und hinterfragt. Sparen, Vorsicht, langfristiges Denken und Planen zahlen sich nicht mehr so aus wie früher. Statt stolzer und unabhängiger Eigentümer seines Kapitals, wie es noch sein Vater und Großvater waren, ist der Fischer nun praktisch ein Habenichts. Da trifft es sich gut, dass der König ein staatliches Rentensystem eingeführt hat. Es funktioniert nach dem Umlageprinzip. Die aktive Bevölkerung tritt Beiträge an den König ab, der diese an die Rentner leitet.

Die Kinder des Fischers sind recht froh über dieses System, müssen sie doch jetzt nicht für ihren verarmten Vater aufkommen. Die Allgemeinheit tut es. Einer der Fischersöhne beschließt daher, selbst keine Kinder mehr zu haben. Wozu sich den Stress antun? Schließlich werden die Kosten des Kindergroßziehens von den Eltern getragen, die »Rendite« jedoch vergesellschaftet und an alle Rentner ausgeschüttet, auch an die Kinderlosen. Wundert es Sie, dass die Geburtenraten in unserer Stadt stark rückläufig sind?

Wenn Sie erwartet haben, dass die neue Geldordnung das soziale Gefüge der Stadt unberührt lässt, weit gefehlt. Geldvermögen zu halten, wird zunehmend unattraktiv. Immobilien, Aktien oder andere Vermögenswerte werden nun nicht mehr erst nach vorherigem Sparen, sondern auf Kredit erworben. Die stetige Teuerung entwertet dann die Schulden. Vermögenswerte lassen sich auch prima als Sicherheit anbieten, um weitere Kredite aufzunehmen und noch mehr Güter zu kaufen, bevor sie im Preis steigen. Das macht Vermögenswerte viel attraktiver, als sie es noch zur Zeit der Goldwährung waren. Dadurch steigen die Preise von Vermögenswerten relativ zu Preisen anderer Güter und Dienstleistungen, vor allem Arbeit. Statt zehn Jahre lang zu sparen, um sich ein Eigenheim zu kaufen wie sein Vater, müsste der Fischersohn nun 20 Jahre lang arbeiten, bevor er eine der stark im Preis gestiegenen Immobilien erwerben könnte.

Da es immer länger dauert, sich ein Vermögen anzusparen, wird auch der soziale Aufstieg erschwert. Wer Immobilien oder andere Vermögenswerte wie Aktien besitzt, ist im Vorteil, da die Vermögenspreise explodieren. Und wer schon über ein Vermögen verfügt, der kann dieses beleihen und sich noch mehr Immobilien und Aktien kaufen, bevor diese noch weiter im Preis steigen und für die Unter- und Mittelschicht immer unerschwinglicher werden. Die neue Geldordnung zerreißt die Gesellschaft. Sie klafft zunehmend auseinander – mit vermögenden Superreichen auf der einen und nichtvermögenden Armen auf der anderen Seite.

Wundert es Sie jetzt noch, dass das Papiergeld die Kultur umkrempelt? Wer kann, der kauft auf Kredit, bevor die Preise steigen. Es ist ein erbarmungsloser Wettlauf. Denn je eher man kauft, desto besser. Oder anders: Je eher man sich verschuldet, desto besser. Der Druck ist groß: Man verschuldet sich, um Güter zu erwerben und dann wie ein Hamster im Schuldenrad zu strampeln. Ganz im Gegensatz zu den alten, zunehmend vergessenen Zeiten. Die natürliche Abneigung gegenüber Schulden, die den Leuten zuvor zu eigen war, geht zusehends verloren. Die süße Versuchung billigen Geldes zieht viele in die Kreditkonsumgesellschaft. Unter Gleichen fühlt man sich wohl, es haben ja fast alle Schulden.

Und die Unternehmerkultur, nimmt die keinen Schaden? Wir haben bereits gesehen, dass die wiederkehrenden Konjunkturzyklen demoralisieren. Das Unternehmerverhalten ändert sich in der Papiergeldwirtschaft aber auch *grundsätzlich*. Die Unternehmer werden in ihren Investitionen zunehmend unvorsichtiger. Geld- beziehungsweise Kreditmittel sind ja schließlich zur Genüge vorhanden. Ihre Schulden steigen, und mit ihnen vergrößert sich auch die gesamte Zinslast, die verdient werden muss, trotz der immer weiter sinkenden Zinsen – der »Druck im Kessel« nimmt zu.

Jetzt kommen Sie bitte aber bloß nicht auf die Idee, zu glauben, die Zinsen seien das Problem, und würde man sie abschaffen, wären die Menschen von der Zinsknechtschaft, wie Zinskritiker es nennen, erlöst. Entschuldigen Sie bitte: Das ist vollkommener Unsinn. Zinsen sind Ausdruck des Menschseins. Es gibt Zinsen, weil wir so sind, wie wir sind. Ganz menschlich, ziehen wir es vor, unsere Ziele lieber früher als später zu erreichen. Die Menschen präferieren Gegenwartsgüter, zum Beispiel heute vorhandenes Geld, gegenüber Zukunftsgütern, zum Beispiel erst in zehn Jahren verfügbares Geld. Wer Zukunftsgüter (Geld in zehn Jahren) gegen die begehrteren Gegenwartsgüter (Geld heute) anbietet, muss einen Preisabschlag hinnehmen (zum Beispiel 10.000 Euro in zehn Jahren für 8.000 Euro heute bezahlen). Der Zins ist somit dem menschlichen Handeln inhärent, um es einmal ganz fachmännisch zu formulieren. Im Zins drückt sich die sogenannte Zeitpräferenz aus. Wenn Menschen eher langfristig orientiert sind, also in der Gegenwart eher Verzicht üben, um dafür in der Zukunft *mehr* zu haben, spricht man von einer niedrigen Zeitpräferenz. Wenn Menschen dagegen eher konsumorientiert sind, also nicht bereit sind, zu verzichten, spricht man von einer hohen Zeitpräferenz. Je höher die Zeitpräferenz, desto höher der Preisabschlag. Hinter diesem »Abschlag« versteckt sich der natürliche Zins. Und den kann man nicht aus der Welt schaffen, in der Menschen leben. Ein Zinsverbot würde sich fatal auswirken, denn Kredite haben eine wichtige Lenkungsfunktion in einer Marktwirtschaft. Sie lenken Ressourcen von Sparern zu Investoren und Arbeitern und ermöglichen eine enorme Wohlstandsmehrung.

Zurück in die Stadt. Die Finanzierung aus Eigenkapital oder zurückbehaltenen Gewinnen ist rückläufig, *Kredit* heißt das neue Zauberwort.

Auch der Sohn des Fischers hat dies schnell begriffen. Gerade noch konnte er den Konkurs des Familienunternehmens abwenden, indem er die alten Grundsätze seines Vaters über Bord warf und Kredite bei derselben Bank aufnahm, die ihm auch den Kredit für seinen Hauskauf verschaffte. So werden der Fischersohn und seine Mitmenschen immer abhängiger von Banken und der Finanzindustrie, die jetzt überall mitreden. Sie sind die wahren Lenker der Wirtschaft – dank des Privilegs, Geld aus dem Nichts schaffen zu können. Dieses Privileg zieht die Macht magnetisch an.

Und die Unternehmer recken ihre Köpfe in Richtung dieses Magneten. Ein schneller Zugang zur Quelle des neuen Geldes wird immer wichtiger: die Verbindung zur Finanzindustrie ist essenziell für den unternehmerischen Erfolg. Solidität, langfristiges Denken und ein Geschick, immer bessere und günstigere Produkte für die Konsumenten zu schaffen, treten dafür etwas in den Hintergrund.

Genauso wie das neue Geldsystem die bereits Vermögenden bevorteilt, so begünstigt es auch die großen, etablierten Unternehmen zu Ungunsten der kleinen oder noch gar nicht entstandenen, die wenig Sicherheiten für Kredite anbieten können. Denn Kredite braucht man jetzt. Ersparnisse alleine reichen kaum noch zur Unternehmensgründung aus. Besonders nah an der neuen Geldquelle sitzen die Freunde des Königs, die fleißig neue Banken und Industriekonglomerate gründen. Sie agieren besonders waghalsig, können sie doch damit rechnen, dass sie bei Problemen mit neuem Geld gerettet werden.

Generell macht sich ein kurzfristiges, nur auf schnelle Gewinne orientiertes Verhalten breit. Denn die Stabilität stetig fallender Preise ist nicht mehr gegeben. Das erschwert langfristiges Planen, auch weil sich immer häufiger Aufschwünge und Krisen abwechseln. Die Unsicherheit wächst. Statt langfristig Werte zu schaffen, versuchen Manager nun, die guten Phasen auszunutzen und so schnell so viel Geld wie möglich zu machen. Denn wer weiß, was in fünf oder zehn Jahren ist? Außerdem klettern ja die Vermögenspreise stetig. Um denen nicht hinterherzuhinken, setzen es sich viele als Priorität, schnell viel Geld zu machen. Rücksichtslose, egoistische, kurzfristig denkende Manager trifft man immer häufiger in der Stadt an. Früher identifizierten sich die Manager mit dem Unternehmen und seiner Belegschaft. Loyalität und Verbundenheit zu den Eigentümern, die teilweise über Generationen mit dem Unternehmen verbunden waren, waren wichtiger als das schnelle Geld. Heute jagt eine schuldenfinanzierte Firmenübernahme – auch *Leveraged Buy-out* genannt – die nächste. Teilweise wissen die Manager gar nicht, wer gerade der Eigentümer ist. Wundert es Sie, dass da eine langfristige Verbundenheit mit dem Unternehmen immer seltener wird? Auch ihre eigene private Schuldenlast macht die Manager materialistischer und kurzsichtiger; sie wechseln viel häufiger das Unternehmen, auf der Suche nach einer höher dotierten Stelle. Die Unternehmerwerte Integrität, Solidität, Sorge für die Mitarbeiter und Weitsicht treten zurück hinter ein kurzfristiges materialistisches Profitstreben. Wer einen Megabonus abgreifen kann, schlägt zu, auch wenn er dafür Dinge tun muss, die dem Unternehmen eventuell langfristig schaden.

Ach ja, und der König? Den hätten wir fast vergessen. Wie wirkt sich die neue Geldordnung auf ihn aus? Auch der König beginnt, Schulden zu machen. Er hat sich auf Anraten Laws ja verschiedene Sozialprogramme für die Bürger ausgedacht. Er führt eine Versicherung ein für den Fall, dass jemand arbeitslos oder krank wird. Die Mütter bekommen nach der Geburt eines Kindes Erziehungsgeld. Finanziert wird das Ganze mit den (bisher noch niedrigen) Abgaben, die die Bürger ihm zahlen, und … mit Schulden. Neu geschaffenem Geld.

Jeden Tag ersinnt der König jetzt neue Ideen. Dazu gönnt er sich noch ein Gremium mit Experten, die allesamt ein stolzes Gehalt von ihm beziehen. Sie tun aber auch was dafür. Sie liefern ihm nämlich weitere Vorschläge, was er so alles einführen und wie man es organisieren könnte. Ein Traum für viele Intellektuelle, die Welt nach ihrem Gutdünken formen zu können. Glauben Sie doch zu wissen, was das Beste für alle ist. Das staatliche Papiergeldsystem liefert ihnen dazu erstaunliche Mittel. Wen wundert es, dass Journalisten, Kommentatoren, Lehrer und Professoren das Geldsystem nicht infrage stellen?

Der König profitiert von der allgemeinen Instabilität und Unsicherheit, die die von ihm selbst eingeführte Geldordnung verbreitet. Weil die Geschäftsleute und Unternehmer immer mehr Schulden machen, geraten sie auch immer häufiger in finanzielle Schwierigkeiten, vor allem dann, wenn die Zinsen ansteigen. Eine der ersten Maßnahmen ist meist die Entlassung von Arbeitnehmern, vor allem in Rezessionen. Das ist jetzt weitaus problematischer als früher, als die Menschen weniger oder gar keine Schulden hatten. Wegen der Kreditraten ist der finanzielle Spielraum der Menschen sehr eng geworden und schon eine vorübergehende Arbeitslosigkeit bringt besonders Familien ganz schnell in höchste Not. Auf Reserven können die meisten nicht mehr zurückgreifen – das Sparen hat man sich ja abgewöhnt. Sie können sich vorstellen, dass finanzielle Probleme dem Familienglück nicht gerade zuträglich sind. Vor allem dann, wenn man sich erst alles leisten konnte – auf Pump natürlich – und dann genau das Gegenteil dessen eintritt.

Nur gut, dass der König sich in jüngerer Zeit mehr um die Belange und Nöte seiner Untertanen sorgt. Auf ihn können sie sich verlassen. Er ist immer für sie da, ein wahrhaft fürsorglicher Monarch. *Sie merken es, wir sind schon wieder so sarkastisch. Aber genau das hat der König doch schließlich beabsichtigt: Er wollte die Menschen in Abhängigkeit bringen, in Abhängigkeit von ihm und seinen sozialen Wohltaten.* Und sein Plan funktioniert. Statt sich selbst um die eigene Sicherheit zu kümmern und ganz auf den König zu verzichten, wie die Bürger das ursprünglich vorhatten, haben sie nun ganz andere Sorgen.

So kommt es auch, dass in der Stadt immer kurzfristiger gedacht und geplant wird: Die Zeitpräferenz steigt an. Es wird weniger gespart. Das vormals imposante Wirtschaftswachstum verkümmert. Die Auswirkungen der heutzutage gängigen staatlichen Sozialprogramme beschreibt der Ökonom Hans-Hermann Hoppe in seinem Buch *Demokratie. Der Gott, der keiner ist*:

> *Jede Form der Regierungswohlfahrt [...] senkt den Wert der Mitgliedschaft einer Person in einem ausgedehnten Familien-Haushaltssystem als einem sozialen System gegenseitiger Kooperation sowie der Hilfe und der Unterstützung. Die*

Ehe verliert an Wert. Für die Eltern reduziert sich der Wert und die Wichtigkeit einer »guten« Erziehung (Bildung) ihrer eigenen Kinder. Entsprechend werden Kinder ihren eigenen Eltern weniger Wert beimessen und ihnen weniger Respekt zukommen lassen.

Klingt furchtbar konservativ, oder? Aber vielleicht ist es an dieser Stelle gut, das Buch wieder einen Moment zur Seite zu legen und nachzudenken. Auch eine Familie unterliegt Sachzwängen, die sich aus dem Naturgesetz knapper Ressourcen ergeben. Das kann auch der Staat nicht ändern. Er will uns mit seinen sozialen Wohltaten lediglich vorgaukeln, er könnte es. Und die Bürger lassen sich an der Nase herumführen. Der Staat kann ja keine Ressourcen herzaubern, sondern nur ausgeben, was er vorher der Zivilgesellschaft abgenommen hat, sei es durch Steuern, oder – Sie wissen schon – durch Geldproduktion.

Warum werden denn immer mehr Ehen geschieden? Kaum jemand scheint noch verzichten oder auch mal zurückstecken zu wollen. Egoismus macht sich breit. Immer mehr, von allem. Aber bitte sofort. Da passt die Familie immer weniger ins Konzept. Galt früher beispielsweise Kinderreichtum als »gute« Alterssicherung, so bedeutet er heute eher ein Armutsrisiko. Und wenn Kinder, dann geht's ab in die Krippe. In einem Interview mit dem Ludwig-von-Mises-Institut Deutschland sagte die vierfache Mutter und Journalistin Birgit Kelle: *Der Staat nimmt uns unser Geld, unsere Zeit und neuerdings auch noch unsere Kinder, und kommt dann generös mit seinen über 150 verschiedenen familienpolitischen Instrumenten zurück, mit denen doch nur das zurückgegeben wird, was er sich vorher erst mal genommen hat.*

Tatsächlich ist ein staatliches Papiergeldsystem ein wahrer Kulturschock für eine an ein gutes Geld gewöhnte Gesellschaft – wie unsere gute alte Stadt. Statt gelassen abzuwarten, werden die Menschen schon früh in die Schuldknechtschaft gedrängt. Je eher, desto besser. Immer mehr. Die Menschen hecheln den Preisen hinterher und treiben sie selbst durch die neue Kreditaufnahme noch weiter nach oben. Die Gesellschaft wird materialistischer. Geldanlage und Kreditaufnahme treten immer mehr in den Lebensmittelpunkt. Früher hatte man einfach Goldmünzen in bar gespart. Heute muss man sich verschulden und viel Zeit in die Geldanlage investieren, um oben zu schwimmen. Zeit für die schönen Dinge des Lebens, Kultur, Sport, Familie, bleibt immer weniger. Denn Zeit ist in der Schuldenwirtschaft Geld. Früher galt Stabilität. Fleiß, Sparsamkeit und Weitsicht zahlten sich aus. Heute sind Vermögen und Erwerb unsicher – es gilt, so viel Geld so schnell wie möglich zu machen, um nicht abgehängt zu werden oder gar unterzugehen. Es sei denn, man will sich von Väterchen Staat entmündigen und auffangen lassen. Erstaunt es Sie, dass sich die psychischen Erkrankungen der gehetzten Stadtbevölkerung in letzter Zeit häufen?

Wir fassen zusammen:

Was in unserer Stadt im Zeitraffer praktisch in einer Generation vonstattengeht, zieht sich in der realen Welt mindestens über die letzten 100 Jahre hin. Und ist noch nicht am Ende. Die Zerstörung des Goldstandards und das Hinwenden zu einem teilgedeckten, immateriellen Staatsgeld haben das Verhalten der Menschen nachhaltig geändert. Das inflationäre Papiergeld hat eine Schuldenwirtschaft mit sich gebracht. Es hat die Menschen abhängiger gemacht von Finanzindustrie und Staat – die sich beide unheimlich ausgedehnt haben. Die Schuldenknechtschaft zusammen mit dem ebenfalls vom Papiergeld gesponserten Wohlfahrtsstaat hat die Menschen entwurzelt. Und in dem Maße, in dem die Menschen in Abhängigkeit vom Versorgungsstaat gebracht worden sind, sind sie weniger angewiesen auf die Hilfe ihrer Nächsten, vor allem ihrer Familie. Die sozialen Bande zerfallen. Der sittliche Mörtel, der die Gesellschaft zusammenhält, zerbröselt. Denn in der Familie werden Werte und Normen vermittelt. Der Zerfall der Familie im Zuge schlechten Geldes und Wohlfahrtsstaats fördert mithin eine schwere Moral- und Wertekrise. Kurzum gilt: Schlechtes Geld macht die Menschen zunehmend abhängig, unmündig, unselbstständig, sozial isoliert, entwurzelt, unvorsichtig, rücksichtslos, egoistisch, materialistisch, oberflächlich, gestresst und depressiv.

7. Wohin es führt, wenn der Staat sich überall einmischt

Diejenigen aber gehen kläglich irre, welche den Interventionismus als eine dritte, mögliche Lösung des Problems der Wirtschaftsordnung der menschlichen Gesellschaft betrachten, nämlich als eine Wirtschaftsordnung, die, wie sie sagen, gleichweit vom Sozialismus wie vom Kapitalismus entfernt sein und die das »Gute« beider Systeme vereine, jedoch das »Schlechte« in ihnen vermeide.

Ludwig von Mises

Was haben Geldsystem, Gesundheitssystem, Bildungssystem und Energieversorgung gemeinsam? Richtig: alles fest in staatlicher Hand. Nur hinterfragen das die meisten Menschen nicht. Warum es aber nicht gut ist, wenn der Staat sich überall einmischt, damit wollen wir uns nun beschäftigen. Am besten wäre es, der Staat würde sich nirgendwo einmischen. Erschreckt Sie das? So falsch können aber wir wohl nicht liegen. Das lässt sich schon alleine daran erkennen, dass Politiker – kaum dass ein Gesetz oder eine Regelung in Kraft getreten ist – schon wieder mit Verbesserungsvorschlägen aufwarten. Würden politische Entscheidungen und Gesetze wirklich etwas taugen, bräuchte man sie kurz nach ihrer Verabschiedung nicht schon wieder zu revidieren. Nebenbei bemerkt: »Einmischen« ist eigentlich eine äußerst beschönigende Vokabel – bedeutet staatliches Handeln doch, dass der Staat die Menschen nicht ihre eigenen Ziele verfolgen lässt, sondern ihnen die seinen aufzwingt. Und zwar mit physischer Gewalt beziehungsweise der Androhung von physischer Gewalt.

Roland Baader hat den Aktionismus der Politiker in seinem unnachahmlichen Stil einmal so beschrieben: *Die politische Kaste muss ihre Existenzberechtigung beweisen, indem sie etwas macht. Weil aber alles, was sie macht, alles viel schlimmer macht, muss sie ständig Reformen machen, das heißt, sie muss etwas machen, weil sie etwas gemacht hat. Sie müsste nichts machen, wenn sie nichts gemacht hätte. Wenn man nur wüsste, was man machen kann, damit sie nichts mehr macht.* Treffender kann man den Politikbetrieb nicht beschreiben.

Haben Sie früher als Kind die Serien mit Pippi Langstrumpf im Fernsehen gesehen? Ja, genau, das war das Mädchen mit dem Affen und dem Pferd. Das Motto von Pippi war, und in einem Lied besingt sie es: *Ich mach mir die Welt, widewide wie sie mir gefällt.*

Auch unsere Politiker scheinen zu glauben, sie könnten sich die »gesellschaftliche und wirtschaftliche Welt« so bauen, wie sie ihnen gefällt. Und durch ihren permanenten Aktionismus und ihr ständiges Intervenieren in die Wirtschaft erwecken sie bestimmt bei vielen den Eindruck, als könnten sie das tatsächlich. Das lässt sich auch als Größenwahn bezeichnen. Und viele Menschen im Land schenken den Bekundungen dieser Größenwahnsinnigen noch Glauben. Und mit diesem Glauben, mit diesem Irrglauben, wollen wir jetzt aufräumen, ein für allemal.

In *Der Hauptstadtbrief* (Ausgabe 10/2013) hat Thorsten Polleit die Absicht der Politik auf den Punkt gebracht:

> *Was die Befürworter des Interventionismus antreibt, ist die Meinung, dass sich mittels Interventionen (Markt-)Ergebnisse erzielen lassen, die besser sind, als wenn der freie Markt regiert. Sie vertreten die Meinung, mittels Interventionismus*

> *ließe sich ein Mittelweg zwischen dem System der freien Märkte (Kapitalismus) und dem Sozialismus (Verstaatlichung des Eigentums) beschreiten. Die Interventionisten meinen also, der Interventionismus könne die »guten Seiten« von Kapitalismus und Sozialismus nutzen und dabei gleichzeitig deren schlechte Seiten ausschalten.*

Ganz schlicht ausgedrückt heißt das: *Also, etwas Kapitalismus wollen wir schon, weil ein bisschen gierig sind wir ja. Weil wir aber im Grunde genommen Angsthasen sind, doch bitte lieber nicht zu viel davon.* Mal ehrlich. Kann das funktionieren? Ein »bisschen schwanger« sein geht ja auch nicht. Die Politik jedenfalls hat sich daraus einen tollen Geschäftsplan gebastelt: *Wir lassen die Marktwirtschaft erst mal machen, aber wenn irgendetwas passiert, was uns nicht passt, dann greifen wir ein.*

Um die Folgen des Interventionismus zu begreifen, folgen Sie uns bitte … na, wohin wohl? Sie wissen es natürlich schon … es wird höchste Zeit, dort mal wieder nach dem Rechten zu schauen.

Leider ist in der Stadt eine äußerst unschöne Sache passiert. Etwa die Hälfte aller Milchkühe der Bauern in der Umgebung ist einem aggressiven Virus zum Opfer gefallen. Die Folge: Milch ist sehr knapp und im Preis stark angestiegen. Die Menschen schimpfen über die hohen Milchpreise und beschweren sich beim König, er solle gefälligst eingreifen und etwas unternehmen. Der König will sich bei seinen Untertanen natürlich nicht unbeliebt machen und erlässt eine Bestimmung, dass ein Liter Milch höchstens ein Zehntel Goldeuro (so heißt die Währung dort inzwischen) kosten darf. Er setzt damit eine Preisobergrenze fest, die unter dem Marktpreis liegt.

Alle Untertanen sind damit zufrieden, alle, bis auf die Bauern. Für viele von ihnen ist die Milchproduktion zu dem vom König festgelegten Preis nicht rentabel. Obwohl die meisten Bauern ungefähr die Hälfte ihres Viehbestandes verloren haben und die Hälfte der Kühe natürlich auch nur halb so viel frisst, haben sich die Fixkosten der Bauern leider nicht ebenfalls halbiert. Darum heißen sie ja schließlich Fixkosten. Einige Milchbauern entschließen sich daher spontan, aus dem Geschäft auszusteigen. Sie produzieren Milch nur noch für den Eigenverbrauch oder schlachten ihre Tiere. Das Milchangebot sinkt dadurch weiter. Nur noch wenige Bauern, die die Milchproduktion sehr effizient betreiben, bleiben im Geschäft. Die Milch reicht aber verständlicherweise bei Weitem nicht mehr aus, alle Bürger ausreichend zu versorgen. Der nächste Beschluss, den der König verkündet, lautet deshalb: *Für jeden Bürger gibt es ab sofort nur noch einen Viertelliter Milch pro Tag.*

Nun folgen regelrechte Protestmärsche in Richtung Königshaus. Die Menschen sind wütend und fordern ihren Regenten zum Handeln auf. Und er handelt, indem er die Interventionsspirale eine Windung weiter schraubt.

Der König verbietet kurzerhand alle weiteren Schlachtungen und die Nutzung der Kühe für den Eigenverbrauch. Wer eine Kuh besitzt, muss sie für die Milchproduktion einsetzen und die gesamte Produktion zur Preisobergrenze oder günstiger verkaufen. Dieser Schachzug bringt eine kurzfristige Entlastung. Mehr Milch gelangt in die Geschäfte.

Für die Bauern jedoch wird die Lage immer unerträglicher, sie sind quasi gezwungen, Verluste zu machen. Ihre Produktionskosten in Form von Löhnen, Strom, landwirtschaftlichem Gerät, Pacht et cetera übersteigen den Verkaufspreis. Die Folge: An Altersschwäche gestorbene Kühe werden nicht mehr ersetzt. Die Rinderzüchter stellen ihr Gewerbe gänzlich ein. Man munkelt sogar, dass einzelne Bauern ihre Tiere heimlich vergiften, um weitere Verluste zu vermeiden.

Die Milchproduktion sinkt daher weiter. Es ist das Gegenteil von dem eingetreten, was der König mit seinem Eingriff erreichen wollte. Aber so schnell gibt er nicht auf. Er reguliert von nun an auch die Inputpreise der Bauern und setzt Preisobergrenzen für landwirtschaftliche Löhne, Geräte, Strom und Pacht fest.

Mit diesen per Dekret abgesenkten Kosten lohnt es sich wieder für die Bauern, Milch zu produzieren. Die Regale sind wieder voll. Der König ist voller Stolz, dass sein Interventionismus endlich alles geregelt hat, als ihm eine neue Hiobsbotschaft übermittelt wird. Die Bauern finden keine Arbeiter mehr. Landarbeiter wechseln scharenweise in andere Bereiche, in denen die Löhne nicht künstlich abgesenkt wurden. Landwirtschaftliches Gerät wird nicht mehr produziert. Felder liegen brach. Wütend tritt der König die Flucht nach vorne an. Er reguliert nun auch die Löhne in den anderen Bereichen, ebenso die Inputpreise der Geräteindustrie, und befiehlt, die Felder zu bestellen. Nach und nach setzt er alle Preise fest. Die Interventionsspirale ist in ihrer letzten Windung angekommen. Willkommen im Sozialismus.

Der König hätte natürlich auch von Anfang an einfach die Organisation der Milchproduktion zur Aufgabe seiner Verwaltung machen können und die Beamten des Königs über die Produktion, die Verteilung und die Preise für Milch bestimmen lassen. Einfacher ausgedrückt: Er hätte auch gleich die Milchproduktion verstaatlichen können.

Wie gut die Güterversorgung im Sozialismus funktioniert, darüber können Ihnen diejenigen berichten, die in der DDR oder in der Sowjetunion zu Hause waren. Wenn Sie Sozialismus selbst erleben möchten, können Sie Ihren nächsten Urlaub auch in Nordkorea verbringen. Dort kann man immer noch beobachten, wie Sozialismus funktioniert beziehungsweise *nicht* funktioniert.

Warum aber funktioniert Sozialismus nicht? Die Antwort ist einfach: In einem sozialistischen System gibt es kein Privateigentum. Alles Eigentum liegt beim Staat. Oder beim Volk, wie man es dort zu formulieren pflegt. Klingt ja auch besser. Das Warenangebot jedenfalls wird nicht bestimmt von der Nachfrage durch die Konsumenten, nein, Staatsbedienstete legen fest, was produziert werden soll. Sie entscheiden, welche Waren in welchen Mengen hergestellt werden, und wer sie bekommt.

Bereits 1922 hat Ludwig von Mises in seinem Werk *Die Gemeinwirtschaft* gezeigt, dass Sozialismus nicht funktionieren kann. Er bewies die Unmöglichkeit der Wirtschaftsrechnung im Sozialismus. Die Wirtschafts- oder Kostenrechnung erlaubt es einem Unternehmen zu wissen, ob es Gewinne oder Verluste gemacht hat. Dies ist enorm wichtig in einer Marktwirtschaft. Gewinne zeigen an, dass die Produktionsfaktoren wertsteigernd kombiniert wurden. Der Verkaufspreis des produzierten Gutes liegt über den Kosten der zur Herstellung benötigten Produktionsfaktoren. Umgekehrt zeigen Verluste an, dass Ressourcen verschwendet wurden. Man hätte mit ihnen lieber etwas anderes produziert, etwas, das die Menschen sich dringender wünschen.

Im Sozialismus besteht Gemeineigentum an den Produktionsfaktoren. Rohstoffe, Maschinen, Fabriken befinden sich alle in Staatshand. Daher gibt es auch keine Tauschgeschäfte und damit keine Marktpreise von Rohstoffen, Maschinen und Fabriken. Und ohne Marktpreise keine Wirtschaftsrechnung. Man weiß nicht, ob man Gewinn oder Verlust erzielt hat. Man kann noch nicht einmal die günstigste Produktionsart berechnen. Soll als Leiter in Computerchips Eisen, Stahl, Kupfer, Silber, Gold oder Silicium eingesetzt werden? Der Chip ist gleich schnell. Der sozialistische Planer steht im Dunkeln. Ohne Marktpreise wird die Entscheidung willkürlich.

Zurück in unsere Stadt. Wir spulen die Zeit zurück bis zu dem Moment, wo sich die Menschen beim König über die hohen Milchpreise beschweren. Dieses Mal jedoch reagiert der König anders. Er lässt einen Berater zu sich kommen. Einen, der volkswirtschaftlich bewandert ist und auch unbequeme Ratschläge für seine Auftraggeber parat hat. Er rät dem König dringend, sich nicht einzumischen und keinesfalls eine Obergrenze für den Milchpreis festzulegen. Der König ist zunächst skeptisch und fragt sich: *Wofür brauche ich einen Berater, wenn der mir empfiehlt, nichts zu tun?* Aber der Berater erläutert dem König ausführlich seine Überlegungen, und der erklärt sich letztlich einverstanden. Und der König tut … *nichts.*

Er braucht auch nichts zu tun, denn wenn der Milchpreis wegen der Verendung vieler Milchkühe stark ansteigt, ist das völlig normal. Schließlich zeigt der hohe Preis den Marktteilnehmern, dass Milch gegenwärtig sehr knapp und begehrt ist. Die Gewinne der Milchbauern steigen. Das mag für neidische Menschen im ersten Moment sehr schmerzlich sein. *Wir müssen eure teure Milch kaufen, und ihr macht euch die Taschen voll,* werden viele vielleicht sagen. Doch wird dieser Zustand anhalten? Natürlich nicht. Aber was wird passieren?

Einige der Milchbauern werden jetzt *noch mehr* Geld verdienen wollen und kaufen weitere Milchkühe hinzu. Andere Bauern, die zuvor überhaupt nicht in der Milchproduktion tätig waren, haben die hohen Milchpreise natürlich auch bemerkt, sehen hier eine gute Chance, Geld zu verdienen, kaufen Milchkühe und steigen ebenfalls in die Milchproduktion ein. Die Züchter können sich vor Aufträgen nicht mehr retten und entsinnen neue, effektivere Zuchtmethoden.

Zur Schlachtung vorgesehene Kühe werden flugs zur Milchherstellung »umfunktioniert«. Angeregt durch die hohen Gewinne, gelingt es einfallsreichen Erfindern, mit einer neuen Pumpenart den Milchverlust beim Melken erheblich zu senken.

Auch die Konsumenten stellen sich der Situation und überlegen fieberhaft, wie sie der Milchknappheit Herr werden können. Sie verringern ihren Milchverbrauch, suchen nach Ersatz. Das Kätzchen von nebenan bekommt jetzt morgens eben keine im Preis gestiegene Kuhmilch mehr, sondern Wasser, allenfalls Ziegenmilch.

Sie können sich bestimmt denken, wie die Geschichte ausgeht. Nachdem bei den Bauern wieder mehr Milchkühe in den Ställen stehen und zusätzliche Produzenten in den Markt hinzugestoßen sind, wird die Menge produzierter Milch wieder ansteigen. Gleichzeitig sind die Konsumenten sparsamer im Verbrauch geworden und nutzen Ersatz. In der Folge werden die Milchpreise fallen.

Sie haben es gesehen. Die Menschen im *freien* Markt haben das Problem ganz alleine gelöst. Mit Unternehmersinn und Kreativität. Ganz ohne Zwang, ohne Polizei, Militär, Gerichte, Gefängnisse. Es waren *keinerlei* staatliche Eingriffe nötig. Im Gegenteil, der ursprüngliche Eingriff des Königs war – wie wir gesehen haben – sogar kontraproduktiv.

Im Wettbewerb des freien Marktes konkurrieren Unternehmer darin, Kapital und Ressourcen dort hinzuleiten, wo sie am dringendsten benötigt werden. Liegen die Unternehmer richtig, machen sie Gewinne. Liegen sie falsch, machen sie Verluste. Liegen sie goldrichtig, machen sie hohe Gewinne. Liegen sie sehr falsch, immense Verluste. Bei Verlusten wird Kapital, werden Ressourcen verschwendet. Und dies macht am Ende nicht nur die Unternehmer ärmer, sondern die ganze Gesellschaft, zu unser aller Schaden.

Es ist daher absurd, dass Unternehmer von Politikern und Moralaposteln in den Medien nicht für Verluste kritisiert werden, sondern für (zu hohe) Gewinne. Aus Sicht der Konsumenten wäre das Gegenteil richtig. Je höher die Gewinne, desto besser. Desto besser wurden die knappen Ressourcen zur Bedürfnisbefriedigung der Menschen eingesetzt. Und darum geht es uns doch, oder? In der Marktwirtschaft ist der Unternehmer nämlich nur der Steuermann, der Befehlsempfänger. Der

Steuermann versucht die künftigen Befehle des Kapitäns zu erahnen. Und der Kapitän ist der Konsument. Der Konsument – und das sind wir alle – bestimmt, was und wie hergestellt wird, indem er im Markt kauft oder nicht (mehr) kauft.

Unzählige volkswirtschaftlich relevante Entscheidungen von Abermillionen Marktteilnehmern werden Tag für Tag alleine in Deutschland getroffen, das ist der allseits gescholtene *Markt*. Und diesen Markt wollen unsere Politiker mit Eingriffen regeln. Das ist *Anmaßung von Wissen*, wie es Friedrich August von Hayek einmal bezeichnete. *Wir* würden das sogar als Größenwahn bezeichnen.

Greift eine Regierung oder Behörde in den Markt ein, wird sich ein vorhandenes Problem im ersten Moment vielleicht lösen lassen. Dafür aber wird ein anderes geschaffen, wie im Milch-Beispiel zu sehen war. Durch die Preisobergrenze sind einige Produzenten ausgestiegen und das Milch-Angebot wurde noch knapper. Das hatte der König sicher nicht gewollt. Und so bringt ein Eingriff, eine Intervention zwangsweise die nächste mit sich, bis am Ende alles reguliert ist. Die Marktwirtschaft wird so zunehmend gehemmt und ihrer Kräfte beraubt.

Woran ist das Römische Reich zugrunde gegangen? Na? In der Schule wurde Ihnen wahrscheinlich erklärt, dass ein zunehmend dekadentes Rom von den Barbaren überrannt wurde. Das war aber nicht die eigentliche Ursache für den Untergang Roms, wie Ludwig von Mises in seinem Werk *Nationalökonomie* zeigt. Der Interventionismus hat zu Roms Fall geführt. Oder genauer der Wohlfahrtsstaat, der die Interventionsspirale erst auslöste. Dabei spielte auch schlechtes Geld eine unrühmliche Rolle.

Wie? Das haben Sie noch nie gehört? Ist aber so. Die Barbaren bedrängten die Grenzen des Römischen Reiches schon seit Jahrhunderten. Einem kraftvollen, blühenden Römischen Reich war es ein Leichtes, sie zurückzuwerfen – so lange, bis der Wohlfahrtsstaat die römische Gesellschaft zerstört hatte. Die Barbaren besetzten dann nur noch die Ruinen.

Das Unglück begann mit der »Panem-et-circenses«-Strategie der Kaiser. Diese versuchten, mit »Brot und Spielen« die Gunst der Massen zu gewinnen, auf die sich ihre Herrschaft letztlich stützte. Sie veranstalteten Gladiatorenkämpfe und verstaatlichten den Getreidehandel – die sogenannte *Annona.*

Die Kaiser verteilten Getreide in Rom zu stark subventionierten Preisen oder ganz kostenlos. Immer mehr Menschen, die sogenannten *Proles* (daher Proletariat), lebten auf Kosten des Staates. Sie wurden von der Annona abhängig. Heute würde man sagen, sie lebten von Sozialhilfe. Um diese Massen ruhig zu halten, wurden Gladiatorenkämpfe veranstaltet. Kurzum, die Imperatoren errichteten einen Wohlfahrtsstaat. Mit immensen und stetig steigenden Kosten.

Doch wie diese Kosten tragen? Ohne Tribute und Steuern zu stark zu erhöhen? Den Imperatoren kam eine geniale Idee. Sie ahnen es? Ja, richtig. Sie manipulierten das Geldsystem. Genauer gesagt, sie verschlechterten die Münzqualität, indem sie alte Münzen aus Edelmetall einschmolzen, minderwertigere Metalle wie Kupfer beimengten und die Münzen neu ausprägen ließen. So konnten sie aus weniger mehr Münzen machen und ihre Ausgaben begleichen. Es kam zur schon angesprochenen Umverteilung zugunsten des Staates als erstem Nutzer des neuen (minderwertigen) Geldes zulasten der Letztempfänger.

Als Folge dieser Inflationspolitik begannen die Preise zu steigen. Das Proletariat wurde unruhig. Nun reagierten die Imperatoren mit Preisobergrenzen bei Lebensmitteln – und zogen die Interventionsschraube unbarmherzig an. Die Preisobergrenzen führten dazu, dass sich für viele Bauern die Produktion nicht mehr lohnte. Die italienischen Landwirte, die zuvor für den Markt und vor allem die Stadtbevölkerung produziert hatten, zogen sich vom Tauschhandel zurück. Die einen beschränkten sich auf die Produktion für den Eigenverbrauch. Die anderen zogen nach Rom. Warum mit Verlust produzieren, wenn es in Rom Getreide praktisch umsonst gab?

Das Proletariat und die Stadt Rom wuchsen und wuchsen. Und damit auch die Kosten des Wohlfahrtsstaats. Die zuvor weit ausgebildete Arbeitsteilung, der rege Tauschhandel zwischen Landbevölkerung und Städten über das ganze Mittelmeer hinweg, brach zusammen. Statt produktiver Spezialisierung und Tauschhandel hieß es nun wieder mühsamste Selbstversorgung.

Wohlfahrtsstaat, Inflation und Interventionismus machten der römischen Marktwirtschaft den Garaus. Bald konnten die Legionen nicht mehr ausreichend finanziert werden. Die Barbaren brachen ein und okkupierten die Reste des einst blühenden Reiches, das im 5. Jahrhundert nach Christus endgültig unterging. Statt Arbeitsteilung und Marktwirtschaft kam nun der Feudalismus. Ein langer, schmerzhafter wirtschaftlicher Niedergang setzte ein.

Es ist nämlich kein Naturgesetz, dass die Zivilisation immer voranschreitet und Lebensstandards sich stetig verbessern müssen. Weit gefehlt. Ohne die richtigen Rahmenbedingungen, wie Privateigentum, individuelle Freiheit und gutes Geld, kann es auch rückwärts oder abwärts gehen.

Peter Temin schätzt in seinem Werk *The Roman Market Economy*, dass das durchschnittliche Pro-Kopf-Einkommen mit dem Niedergang des Römischen Reiches bedeutend sank. Nachhaltig und für lange Zeit. Nach Temin wurde der Lebensstandard der römischen Antike erst wieder zu Beginn der Moderne um 1700 erreicht! Über tausend Jahre hatte es einen Rückschritt gegeben! Über tausend Jahre waren die Menschen ärmer, als die Römer der Antike gewesen waren. Dank Wohlfahrtsstaat, finanziert durch Inflation gekoppelt mit Interventionismus.

Legen Sie das Buch ruhig einmal zur Seite. Wo wären wir heute, hätte es diese jahrtausendlange Zäsur nicht gegeben? Wenn die Menschen in der Antike direkt weitergemacht hätten mit Kapitalakkumulation, Arbeitsteilung und Fortschritt? Von Beginn der industriellen Revolution im 18. Jahrhundert bis zur ersten Mondfahrt hat es ungefähr 200 Jahre gebraucht. Überlegen Sie mal ganz unbefangen. Ohne den vom Interventionismus verursachten Bruch in der Zivilisation, ohne die mehr als tausend verlorenen Jahre, wären wir vielleicht schon im Jahr 700 nach Christus auf dem Mond gewesen. Oder im Jahr 1000. Und wo wären wir dann heute? Das ist natürlich Science-Fiction. Wir können es uns nur erträumen.

Träumen müssen wir auch, wenn wir uns eine Welt mit gutem Geld vorstellen wollen. Wir haben keinen handfesten Vergleich zu unserer heutigen Situation. Wir können nur erahnen, wie blühend, dynamisch und wohlhabend unsere heutige Zivilisation wäre, hätten die Staaten den Goldstandard nicht zerstört und durch ein Papiergeldsystem ersetzt, das ihnen die Finanzierung erdrückender Schlechtfühlstaaten ermöglicht. Wir können nur erahnen, wie pulsierend unsere Zivilisation ohne unser heutiges dichtes Netz von Regulierungen und Steuern wäre. Der Vergleich fehlt.

Die Bewohner der DDR hatten noch einen Vergleich. Sie konnten einfach über die Mauer schauen und den Überfluss sehen. Sie verglichen, erschraken und empörten sich. Sie protestierten gegen ihr System. Die Mauer fiel. Heute protestiert kaum jemand. Denn heute gibt es keine Parallelgesellschaft, in die wir schauen könnten und die uns zeigt, wie gut es uns gehen könnte ohne Papiergeld, Schlechtfühlstaat und Regulierungen.

Unsere Verarmung heute ist (noch) nicht absolut – der Lebensstandard geht nicht zurück –, sie ist nur relativ, im Vergleich zu einer Welt mit gutem Geld und ohne staatliche Eingriffe. Gäbe es einen Vergleich mit dieser fiktiven Welt, wie es ihn direkt vor den Augen der Bürger der DDR gab, dann wären die Menschen schon auf den Barrikaden, die EZB gestürmt und der Bundestag eingestampft.

Auch wenn der Lebensstandard noch nicht absolut fällt, die Parallelen der heutigen Situation zum Untergang des Römischen Reiches sind frappierend und beängstigend. Brot und Spiele (zum Beispiel Wahlkämpfe) sind auch heute immens teuer, kaum mehr finanzierbar. Schlechtes Geld und Inflation zerstören langsam unsere Lebensgrundlage. Und auch heute wieder greift der Interventionismus um sich. Es gibt kaum ein Thema, bei dem sich Staat und Regierung nicht mehr einmischen. Die Menschen werden durch Eingriffe, Verordnungen, Gesetze und Gebote immer häufiger davon abgehalten, sich so zu verhalten, wie sie sich verhalten würden, wenn es *keine* Eingriffe gäbe. Beispielsweise wird ein Unternehmer auf eine Investition verzichten, durch die Arbeitsplätze entstehen würden, wenn sich diese Investition aufgrund eines gesetzlichen Mindestlohnes nicht mehr rechnet. Diese Arbeitsplätze entstehen dann eben *nicht.* Doch über diese Arbeitsplätze spricht niemand, weil sie nicht entstanden und somit nicht sichtbar sind.

Deshalb wollen wir es nun wagen, ein ganz heißes Eisen anzupacken, eben diesen gesetzlichen Mindestlohn. Das Beispiel zeigt, wie verschiedene staatliche Interventionen ineinandergreifen. So ineinandergreifen, dass der Laie die Zusammenhänge nicht sehen, geschweige denn verstehen kann.

Bitte erinnern Sie sich an die Kapitel drei und fünf. Hier haben wir ausführlich beschrieben, wie durch die Ausweitung der Geldmenge Einkommen und Vermögen tendenziell von den unteren zu den oberen Einkommensschichten umverteilt werden. Das Ausweiten der

Geldmenge, das Heruntermanipulieren der Zinsen sind nichts anderes als *Eingriffe* in das Geldwesen, nichts anderes als *Interventionen* (wobei die Verstaatlichung des Geldwesens an sich schon eine Intervention darstellt). Durch diese Eingriffe werden einige ärmer, andere reicher. Tendenziell werden durch die Teuerung die Unter- und Mittelschicht ärmer, die Superreichen mit einfachem Zugriff auf das neue Geld immer reicher.

Die unteren Einkommensschichten können sich im Laufe der Zeit immer weniger leisten, weil die Kaufkraft ihres Einkommens durch Inflation schneller schwindet, als es durch nominale Lohnerhöhungen zunimmt, wenn es überhaupt zunimmt.

Das ist der Moment, in dem Politiker, Gewerkschaften und sonstige Gutmenschen die Bühne betreten und im Namen derer, die von ihrem Lohn ihr tägliches Auskommen nicht mehr bestreiten können, einen gesetzlichen Mindestlohn fordern. Beobachten Sie doch bitte einmal ganz bewusst die Auftritte dieser Leute in den Medien. Mit welcher Selbstsicherheit sie in die Mikrofone sprechen und immer *genau* wissen, was zu tun ist. Und jeder zweite ihrer Sätze beginnt mit: *Wir müssen …* »Müssen« klingt so harmlos. Dabei bedeutet »müssen«, dass staatlicher Zwang, das heißt physische Gewalt oder ihre Androhung, angewendet werden sollen, um ein Problem zu lösen. »Müssen« heißt letztlich Polizei und Gefängnis bei Nichtbefolgung. Warum es nicht einfach mal mit freiwilligen Vereinbarungen, vertraglichen Kooperationen versuchen? Warum immer Zwang?

Außerdem: Kann es denn wirklich sein, dass kein Einziger dieser sich stets als Experten Präsentierenden weiß, dass die Intervention »Inflation« Verursacher des Übels ist, das sie zu bekämpfen vorgeben? Wir fragen in aller Deutlichkeit: *Ist das möglich?* Es muss Sie doch höchst misstrauisch machen, dass Themenbereiche wie »Geldschöpfung aus dem Nichts« oder »künstlich niedrige Zinsen« bei *allen* Ursachendiskussionen vollkommen ausgeblendet werden. Jedenfalls sind sich alle »Experten« einig: *Wir müssen etwas tun, und der Staat muss dafür sorgen, dass die Menschen von ihrer Hände Arbeit wieder leben können.*

Den Eingriffen *Geldmengenausweitung* und *Niedrigzinspolitik* folgt somit der nächste Eingriff in Form eines *gesetzlichen Mindestlohns.* Doch auch dieser Eingriff wird Folgen haben, die niemand wollen kann: nämlich Arbeitslosigkeit. Sie zweifeln? Aufgepasst: Ist ein Mindestlohn höher als der Marktlohn, wird sich *automatisch* die Nachfrage nach Arbeitskräften zurückbilden. Ein Mindestlohn wird ökonomisch auch Minimalpreis genannt: das Gegenteil des Maximalpreises wie bei der Milch in unserer Stadt. Er stellt eine Preisuntergrenze dar. Wird Bauern ein Minimalpreis von zwei Goldeuro pro Liter staatlicherseits garantiert, entstehen gewaltige unverkäufliche Überschüsse – Milchseen. Die Bauern produzieren wie wild, und gleichzeitig geht die Nachfrage nach Milch zurück. Das Gleiche geschieht bei Mindestlöhnen. Immer mehr Leute bieten immer mehr Arbeitsstunden an, während derer sie sich sonst vielleicht um ihre Kinder gekümmert hätten oder Kultur-, Bildungs,- und anderen Freizeitaktivitäten nachgegangen wären. Gleichzeitig geht die Nachfrage zurück. Folge: ein Heer von Arbeitslosen.

Und wenn ein Mindestlohn von zehn Euro gut ist, warum dann nicht 100 Euro oder 1.000 Euro? Was würde passieren, wenn ein Mindestlohn von 10.000 Euro pro Stunde festgesetzt würde? Richtig, Massenarbeitslosigkeit und Cristiano Ronaldo würde mit Messi alleine kicken.

Normalerweise sind Mindestlöhne aber viel moderater. Und da nur die Menschen vom Arbeitsmarkt ausgeschlossen werden, deren Produktivität unter dem Mindestlohn liegt, trifft es nur wenige. Doch sind dies dann genau die Menschen – niedrig qualifizierte mit einem ohnehin niedrigen Einkommen –, denen mit einem Mindestlohn geholfen werden sollte.

Wenn dem gesetzlichen Mindestlohn jedoch Arbeitslosigkeit folgt, können Sie sicher sein, dass es nicht allzu lange dauert, bis die Politik die nächsten Eingriffe ins Visier nimmt. Denn jetzt müssen Umschulungen und sonstige Qualifizierungsmaßnahmen für die Arbeitslosen her. Aus allen politischen Sprachrohren wird zeitgleich der Ruf ertönen: *Es muss Chancengleichheit hergestellt werden. Die Bildungschancen müssen verbessert werden. Wir müssen schon bei der frühkindlichen Bildung ansetzen. Wir brauchen mehr (staatlich bezuschusste) Kindertagesstätten und Ganztagsschulen. Die Eltern können die Erziehungsarbeit nicht mehr leisten, die einen, weil ihr Bildungsstand ohnehin zu wünschen übrig lässt* (so offen wird das natürlich nicht ausgesprochen), *die anderen, weil sie es zeitlich einfach nicht mehr schaffen.* So wird dann auch das Familienleben zusehends unter staatlichen Einfluss gebracht. Aber dieses Thema haben wir ja im vorherigen Kapitel bereits ausführlich behandelt.

Doch weiter, zu einem staatlichen Eingriff, der uns sicher noch über Jahre hinweg beschäftigen wird. Auch die staatlich angeordnete Energiewende in Deutschland ist nämlich ein Beispiel par excellence für staatlichen Interventionismus. Im Übrigen handelt es sich hier um ein genauso heißes Eisen. Sprechen Sie sich doch einmal öffentlich gegen grüne Energie aus, es wird Ihnen ein gehöriger Sturm der Entrüstung entgegenwehen. Also formulieren Sie Ihre Kritik am besten in einer Phase absoluter Windstille. Dann können von diesem Sturm wenigstens die vielen Windräder profitieren, die in diesem Moment sonst stillstehen würden. Aber Vorsicht: Bei zu starkem Sturm müssen Windräder abgeschaltet werden.

An ihrer Stromrechnung können Sie sehen, wohin die staatlichen Eingriffe in die Energieversorgung geführt haben. Mit Marktwirtschaft hat das nichts mehr zu tun. Vielleicht können *Sie* es sich noch leisten, diesen Irrsinn mit Ihrem Einkommen zu subventionieren. Die alleinstehende Rentnerin und andere Bezieher niedriger Einkommen können das ganz sicher nicht.

Im Nachbarland Österreich lacht man sich schief über die Deutschen. Dann nämlich, wenn bei strahlendem Sonnenschein ein steter Wind über Deutschland hinwegstreicht und Strom an der Börse praktisch nichts mehr kostet. Dann kaufen die Österreicher unseren teuer erzeugten Strom zum Preis eines Butterbrotes, pumpen damit das Wasser in ihre Stauseen, um selbst günstigen Strom zu erzeugen. Genau in *dem* Moment, wenn er benötigt wird.

Nach dem Eingriff ist vor dem Eingriff. So titelte Thorsten Polleit in seinem eben erwähnten Interventionismus-Beitrag. Wieder wird versucht, die Folgen eines staatlichen Eingriffes mit weiteren Eingriffen zu mildern. Eine Folge ist beispielsweise, dass die alleinstehende Rentnerin in Wanne-Eickel ihren Strom kaum mehr bezahlen kann, weil sie über den Strompreis die Mega-Solaranlage auf dem Feld eines Großbauern in Bayern mitfinanzieren muss. Aber dafür gibt es ja Gott sei Dank den Stromspar-Check von der Caritas und Energie- und Klimaagenturen. Dass es so was Tolles gibt, darüber ist unsere Oma natürlich sehr froh, sonst müsste sie vielleicht im Dunkeln sitzen. Der Haken an der Sache: Die Aktion wird vom Bundesumweltministerium subventioniert.

Auf der Internetseite der Stromsparinitiative ist zu lesen, was vielen Menschen in Deutschland sonst drohen würde: *Die Aktion Stromspar-Check versteht sich als Hilfe zur Selbsthilfe und will davor schützen, ins Energie-Abseits zu geraten und im Dunkeln zu sitzen. Berechtigte Haushalte werden auf Wunsch von den Stromsparhelfern besucht, die zunächst den Energie- und Wasserverbrauch ermitteln. Dann werden, individuell auf jeden Haushalt abgestimmt, kostenlos Energiesparartikel eingebaut und es gibt Tipps zu deren Nutzung sowie zu energieeffizientem Verhalten. … Die Stromsparhelfer bauen kostenlos Energiesparlampen, Wasserperlatoren, TV-Abschalter oder schaltbare Steckerleisten ein.* Das ist wie Weihnachten.

Sie dürfen uns nicht falsch verstehen. Kein Vorwurf an die Stromsparhelfer. Sie tun dort ganz sicher sehr viel Gutes. Und auch kein Vorwurf an den bayerischen Großbauern mit seiner Riesen-Fotovoltaik-Anlage. Sie alle handeln nur rational. Aber hier fließen staatliche Subventionen. Da ist auch *Ihr* Geld dabei. Geld, das man Ihnen *zwangsweise* wegnimmt. Geld, das Sie selbst für Ihre eigenen Zwecke hätten einsetzen können. Da kommt über die Zeit ein bisschen was zusammen, da können Sie sicher sein. Sie könnten von diesem Geld Ihrem Partner auch ab und zu ein schönes Geschenk machen oder es für die Ausbildung Ihrer Kinder zur Seite legen.

So oder so. Staatlicher Interventionismus führt dazu, dass Kapital und Ressourcen nicht dort eingesetzt werden, wo sie am dringendsten benötigt werden. Damit dies aber geschehen kann, ist es notwendig, dass *nicht* in den freien Markt eingegriffen wird.

Wenn man so spricht und schreibt, wie wir es tun, muss man schon ein bisschen aufpassen, dass man nicht an den Pranger gestellt wird. Denn heutzutage gelten höhere Ziele, und diese Ziele bestimmen unsere allwissenden Politiker, und mit ihnen noch eine ganze Menge anderer Leute, vertreten durch Gewerkschaften und zahllose Interessensverbände.

Das hatte schon Ludwig von Mises so gesehen. Im Jahr 1944 schrieb er in *Die Bürokratie*:

> *Doch wir leben im Zeitalter eines allgemeinen Angriffs auf das Gewinnmotiv. Die öffentliche Meinung verdammt es als höchst unmoralisch und als äußerst schädlich für das Gemeinwesen. Politische Parteien und Regierungen sind eifrig bemüht, es zu beseitigen und an seine Stelle den – wie sie es nennen – »Standpunkt des Dienstes« zu setzen – was in Wirklichkeit bürokratisches Wirtschaften bedeutet.*

Durch immer mehr staatliche Eingriffe in das Wirtschaftsgeschehen wird das so wichtige Gewinnmotiv der Marktteilnehmer nachhaltig geschwächt. Die Menschen verhalten sich anders, als sie sich ohne staatliche Eingriffe verhalten würden. Am Ende ist alles mit staatlichen Interventionen über- und durchzogen, wie ein dichtes Gestrüpp. So dicht, dass man die Zusammenhänge zwischen den einzelnen Interventionen praktisch nicht mehr erkennen kann. Der Bürger ist dazu schon gleich gar nicht mehr in der Lage und den sogenannten Experten hoffnungslos ausgeliefert. Die können nun schalten und walten, wie sie wollen. Und die freie Wirtschaft wird unter der Interventionslawine regelrecht begraben. Diese Experten sind übrigens meistens Wirtschaftswissenschaftler. In der Tat züchten Staatsuniversitäten im Volkswirtschaftsstudium Experten für Interventionen heran. Die Studenten erfahren, warum der Markt (das heißt wir alle in freiwilliger Kooperation miteinander) nicht das macht, was er machen soll, und wie man ihm am besten mittels staatlicher Gewalt auf die Sprünge hilft. Diese »Experten« finden dann Anstellung bei Regulierungsbehörden oder auch Unternehmen, die sich mit den Regulierungen notgedrungen auseinandersetzen müssen. Die Studenten, die sich beispielsweise in Geldtheorie spezialisieren, haben gute Aussichten, einen Job bei der Zentralbank zu bekommen. Haben sie doch gelernt, dass ein Papiergeldsystem vorteilhaft ist, und wie man über Geldmenge und Zinspolitik die Wirtschaft am besten feinsteuert. Um auch das einmal ganz klar zu sagen: Ohne staatliches Geld und sonstige Eingriffe bräuchte man die meisten Volkswirtschaftler nicht! So verwundert es nicht, dass sich die meisten Wirtschaftswissenschaftler zumindest in bestimmten Fällen für Staatseingriffe aussprechen und die Zentralbank sowie staatliches Geld als gottgegeben akzeptieren. Hängt doch ihr Job davon ab. Wes Brot ich ess, des Lied ich sing. (Ganz offensichtlich gibt es Ausnahmen, wie Sie wahrscheinlich schon bemerkt haben.)

Aber zurück zur Interventionslawine. Am Anfang vieler Eingriffe steht die penetrante Einmischung des Staates in das Geldwesen. Der sowjetrussische Politiker und Revolutionär Lenin (1870–1924) soll einmal gesagt haben: Um die bürgerliche Gesellschaft zu zerstören, muss man ihr Geldwesen zerstören.

Lenin würde also an der heutigen Entwicklung seine helle Freude haben. René Scheu – der Herausgeber des liberalen Magazins *Schweizer Monat* – bezeichnete die gegenwärtige Wirtschaftsform als *Semisozialismus*. Findet man nicht den Weg zurück zu einer freien Marktwirtschaft, sondern folgt dem Interventionspfad, werden immer mehr Eingriffe und noch mehr staatliche Lenkung am Ende in den vollständigen Sozialismus führen.

Sie haben selbst verfolgt, dass unser König es nicht bei der Milchpreiskontrolle belassen konnte. Die Alternative wäre gewesen, alle Preiskontrollen wieder aufzugeben und die Problemlösung dem Markt zu überlassen. Er hat es nicht getan und musste logischerweise weitere Maßnahmen ergreifen. Am Ende wird der König sogar überwachen müssen, dass die Bauern die Preiskontrollen nicht umgehen. Auch die Bürger werden vielleicht versuchen, durch Zahlung höherer Preise an die dringend benötigte Milch zu kommen. Es wird ein Schwarzmarkt entstehen. Und wie wird der König diesen Schwarzmarkt verhindern? Er wird Strafen androhen und sie verhängen, wenn jemand erwischt wird. Vielleicht wird er seine Bevölkerung sogar bespitzeln lassen, um Milch-Schwarzhändler zu entlarven und zu überführen. Kommt Ihnen das bekannt vor? Bis 1989 gab es in der DDR auch so ein System.

Schuld am Dilemma sind dann natürlich wieder die anderen, etwa gierige Bauern, die den Schwarzmarkt benutzen. Dabei half der Schwarzmarkt in der DDR doch bei der Lösung der Knappheitsprobleme und war eine Möglichkeit, die verarmenden Regulierungen zu umgehen. Ein Schwarzmarkt ist kein Problem, sondern die Lösung der Probleme! Ohne funktionierende Schwarzmärkte in Osteuropa wären Sozialismus und Kommunismus viel früher zusammengebrochen.

Übertragen Sie das nun bitte auf die Finanz- und Eurokrise. Wer trägt denn nach Aussage unserer Politiker die Schuld? Genau, die gierigen Spekulanten und Bankiers. Der frühere Bundespräsident Horst Köhler sagte im Jahr 2008 in einem *Stern*-Interview: *Die Finanzmärkte sind zu einem Monster geworden.* Diese Aussage gibt umso mehr zu denken, als Horst Köhler vor seiner Wahl zum Bundespräsidenten im Jahr 2004 geschäftsführender Direktor des Internationalen Währungsfonds war. Er sollte also die wirklichen Ursachen für die Krise – das Papiergeldsystem, die Zentralbanken und das Teildeckungsbankwesen – kennen. Aber die Schuld wird anderen in die Schuhe geschoben. Damit kann man hervorragend weitere Interventionen rechtfertigen und vom eigenen Versagen ablenken. Oder man nutzt die Gelegenheit, neue Steuern einzuführen, zum Beispiel eine Finanztransaktionssteuer: *Man muss die Verursacher der Krise an deren Kosten beteiligen,* so sagt man. Hierzu bedient sich die Politik eiskalt des Neidkomplexes der Menschen und lenkt ihren Zorn und ihre Wut gezielt auf Unternehmer und Reiche.

Überlegen Sie selbst, in wie vielen Bereichen heute schon keine freie Preisbildung mehr zugelassen wird. Die Zinsen werden von der Notenbank manipuliert, bei den Löhnen wird ein Mindestniveau festgesetzt und die Strompreise werden durch die staatlich angeordnete Energiewende nach oben getrieben. Und noch ein weiterer wichtiger Bereich, das Gesundheitssystem, ist ebenfalls von staatlichen Reglementierungen und Preisfestsetzungen durchtränkt. Alle gesetzlichen Krankenkassen werden gezwungen, den gleichen Beitragssatz zu verlangen. Von Wettbewerb keine Spur.

Obwohl die nationalen Regierungen als Übel schon vollkommen ausreichen, gesellen sich mittlerweile die Beamten der Europäischen Union noch hinzu und überschütten und gängeln die Bürger mit noch mehr Vorschriften, Maßnahmen und Regelungen, von denen das Verbot der Glühbirne noch das harmloseste ist. Immer häufiger wird spürbarer Druck auf die Kritiker der zunehmenden staatlichen Einflussnahme ausgeübt. Vor allem Brüssel-Kritiker werden so als »Antieuropäer« diffamiert und bloßgestellt. Dabei haben Wettbewerb und Freiheit Europa groß gemacht, und nicht Zentralismus und Dirigismus. Der echte Europäer bekämpft den EU-Moloch. Die »Antieuropäer« sitzen in Brüssel.

Wir fassen zusammen:

Staatliche Eingriffe in das Wirtschaftsgeschehen verzerren nicht nur das freie Zusammenspiel der Marktteilnehmer. Sie verleiten auch zu immer weiteren Interventionen und damit zu einem Anschwellen der Staatsmacht. Entweder müssen ursprüngliche Eingriffe zurückgenommen werden oder neu entstandene Probleme mit weiteren Eingriffen bekämpft werden. Eine Interventionsspirale wird in Gang gesetzt und schränkt die Freiheiten der Menschen immer weiter ein. Am Ende des Weges steht der Sozialismus. Der aber kann nicht funktionieren, weil wegen fehlender Marktpreise keine Wirtschaftsrechnung möglich ist. Kapital und Ressourcen werden verschwendet. Die Gesellschaft verarmt. Die Aufrechterhaltung eines sozialistischen Systems ist nur mit immer mehr staatlicher Überwachung und Gewalt möglich.

Der übelste aller Eingriffe ist die Verstaatlichung des Geldwesens und der damit verbundenen Geldschöpfung. Dieser Eingriff ist der Auslöser zahlloser weiterer Eingriffe. Und wohin Eingriffe in das Geldwesen, gekoppelt mit einer Interventionsspirale führen können, zeigt der Untergang des Römischen Reiches.

8. Wie alles enden wird

Was die Völker jahrzehntelang vorausgefressen haben, werden sie nun jahrzehntelang nachhungern müssen.

Roland Baader

Wie Ihnen bis hierhin klargeworden sein wird, stecken wir in einem riesigen Schlamassel. Schmerzfrei kommen wir da nicht mehr heraus. Das Krebsgeschwür Staatsgeld hat im Körper von Volkswirtschaft und Gesellschaft bereits leidlich gewütet. Seit geraumer Zeit leben wir in einer Phase zunehmender Verarmung. Nur hat der Großteil der Bevölkerung dies noch nicht bemerkt. Sie hingegen jetzt schon. Entschuldigen Sie, dass wir Sie aus Ihrer Unbedarftheit geweckt haben. Manchmal lebt es sich leichter unwissend. Aber dafür ist es jetzt zu spät. Und sehen Sie auch die positive Seite: Sie können noch reagieren und wissen Bescheid, was läuft.

Das Papiergeldsystem hat großes Verderben über die Menschheit gebracht. Es hat die Finanzierung gewaltiger Wohlfahrtsstaaten ermöglicht und dazu beigetragen, traditionelle Institutionen wie die Familie schwer zu schädigen. Die Gesellschaft ist viel materialistischer geworden. Man plant kurzfristiger und ist schuldenabhängiger. Die »Entgesellschaftung« – ausgelöst durch immer erdrückendere Staaten, aufgeputscht mit der Droge Papiergeld – nimmt beängstigende Züge an. Letztlich wird unser aller individuelle Freiheit mit der Druckerpresse überrollt. Die asoziale Umverteilungswirkung des Papiergeldsystems macht Staat, Banken, Großkonzerne und Superreiche reicher, Mittel-

und Unterschicht zunehmend ärmer. Ein monetärer Riss zieht sich zunehmend durch die Gesellschaft. Die Konflikte verschärfen sich, und die Realwirtschaft wankt unter dem Gewicht von Finanz- und Staatskonglomerat.

Eins muss Ihnen klar sein: Die durch Geldproduktion angeschobenen Fehlinvestitionen haben bereits realen Wohlstand in einem ungeheuren Ausmaß zerstört. Wir sehen es eben nur noch nicht! Leider haben wir nicht den Vergleich mit einer Welt, in der die Verschwendung *nicht* stattgefunden hat.

Staatsausgaben für Wohlfahrtsprogramme und Militärinterventionen haben in der westlichen Welt steigende Staatsverschuldung und Haushaltsdefizite verursacht. Diese Schulden werden wohl niemals real zurückgezahlt werden können. Der Wohlfahrtsstaat ist übrigens *die* Fehlinvestition schlechthin. Er befriedigt nicht die Bedürfnisse freiwillig kooperierender Menschen und fände sofort sein Ende, würde er nicht permanent durch das gewaltsam eingetriebene Geld der Steuerzahler und das Geldmonopol subventioniert werden.

Die vom privilegierten Bankensystem angeschobenen Zyklen von künstlichem Aufschwung und Rezession bringen immenses Leid über die Völker. Die Finanzkrise war ein Hinweis dafür, dass enorme Ressourcen im Schlund des Geldsystems verschwunden sind. Für immer.

Aber es war doch gar nicht so schlimm? Es wurden doch alle gerettet, sagen Sie? Die Rettungsorgie seit 2008 sucht tatsächlich ihresgleichen. Banken, Unternehmen und sogar Staaten wurden gerettet. Und doch ganz schmerzfrei, nicht wahr? Haben Sie etwas Nennenswertes gespürt? Haben Sie Ihren Arbeitsplatz oder Ihre Ersparnisse verloren? Wurden Ihre Steuern in den letzten Jahren brutal erhöht? Hat sich ihre Steuerlast verdoppelt? Wahrscheinlich nicht. Wie wird die ewige Rettung finanziert? Sie können es sich denken. Durch neue Schulden, neues Geld. Das ist eben das Perfide am Staatsgeldsystem: Es ermöglicht die Verschleierung der wahren Kosten und der Verluste, die das System selbst erzeugt hat. Es wiegt in falscher Sicherheit. Es tut uns leid, wenn wir Ihnen diese falsche Sicherheit genommen haben. Aber wir hatten Sie ja im Vorwort gewarnt, dass Sie unangenehme Wahrheiten erwarten.

Der große Kollaps blieb 2008 aus. Nach dem Zusammenbruch von Lehman Brothers und der folgenden Finanzkrise wurde lediglich ein Teil der Fehlinvestitionen liquidiert. Investoren – etwa angeschlagene Automobilproduzenten oder Hypothekenbanken –, die in Schieflage geraten waren, wurden vom Staat gerettet; sei es durch direkte Kapitalspritzen oder indirekt durch Subventionen und die Vergabe öffentlicher Aufträge. Aus den schlechten privaten Investitionen wurde eine schlechte öffentliche Staatsschuld – der Vorgang geräuscharm geschmiert mit neuem Geld. Denn die Staatsschulden wurden indirekt durch neue Geldproduktion finanziert. Notenbanken schufen neues Geld, mit dem Geschäftsbanken oder andere Akteure dann die Staatsschulden kauften.

Aber nicht nur die Realwirtschaft geriet ins Trudeln. Das Platzen der Immobilienblase brachte auch den Banken extreme Verluste bei. Aber auch diese Verluste wurden nur zum Teil realisiert, ließen sich die Banken doch weltweit von den Staaten retten. In der Folge wanderten die schlechten Schulden von den Banken zu den Staaten, aber verschwunden sind sie deshalb nicht. Oder glauben Sie, dass eine heiße Kartoffel verschwindet, wenn man sie weiterreicht? Irgendjemand hat sie. Und letztlich sind das wir alle, wie wir gleich sehen werden. In der Zwischenzeit sind weitere schlechte Staatsschulden hinzugekommen: etwa durch Steigerung der Sozialausgaben in Form von Arbeitslosenunterstützung oder durch eine Unzahl von Konjunkturprogrammen. So sind die Staatsschulden seit 2008 regelrecht explodiert – und schweben immer noch über uns, gleich einem Damoklesschwert.

In anderen Worten: Die aus den Fehlinvestitionen des letzten Zyklus entstandenen Verluste wurden zu einem erheblichen Teil an die Staaten und in die Bilanzen der Notenbanken verschoben. Weder die ursprünglichen Investoren noch die Bankaktionäre noch die Bankgläubiger noch die Halter von Staatsanleihen haben bis jetzt die Verluste abgeschrieben. Die schlechten Schulden türmen sich nur immer weiter auf, in Form von Staatsschulden. Das Verschieben schlechter Schulden bringt verlorenen Wohlstand aber nicht zurück. Die Schulden bleiben. Wann und wie werden die Schulden uns einholen, was glauben Sie?

Um dieser Frage nachzugehen, wollen wir ein letztes Mal in unsere Stadt zurückkehren. Nehmen wir vereinfachend an, es gibt zwei Generationen. Die eine wird durch den Fischer repräsentiert. Seit Jahrzehnten arbeitet er hart und spart für seinen Ruhestand. Er nutzt bei seiner Arbeit sein altes Boot. Brüchig wie es ist, wird er es einmotten, sobald er seinen Ruhestand antritt. Seine Ersparnisse investiert der Fischer in Anleihen, die von einem jungen Kapitän ausgegeben werden, der die jüngere Generation repräsentiert. Der Kapitän investiert das Geld des Fischers in ein aussichtsreiches Projekt. Er beginnt mit dem Bau eines neuen, modernen Fischerbootes. Es soll größer und effizienter werden als der alte morsche Kahn des Fischers. Mit dem neuen Boot wird der Kapitän einmal genug Fische fangen können, um beide zu ernähren, wenn der Fischer in Rente geht. Der Kapitän kann dann die Anleihe locker zurückzahlen und der Fischer seinen Ruhestand genießen.

Einmal im Ruhestand angekommen, will der Fischer nun beginnen, sein Kapital zu verbrauchen. Er möchte seine Anleihen verkaufen, um die vom Kapitän hergestellten Waren (Fische) zu erwerben. Aber sein Plan wird nicht funktionieren, wenn das Kapital in Fehlinvestitionen verschwendet wurde. Die Anleihe ist dann eine schlechte Schuld des Kapitäns. Es wird ihm unmöglich sein, das Kapital in realen Gegenwerten zurückzuzahlen.

Warum der Kapitän nicht zahlen kann, ist letztlich egal. Vielleicht ist er ein Betrüger und hat das Boot gar nicht gebaut, sondern des Fischers Ersparnisse schlicht und einfach für seinen Konsum verwendet. Genauso wie heute der Staat Steuergelder Sozialhilfeempfängern weiterleitet, die das Geld dann verkonsumieren. Oder wie heute der Staat die Rentenbeiträge nicht investiert, sondern im Umlagesystem Rentnern zuleitet, die sie dann zum Großteil verkonsumieren.

Das staatliche Rentensystem ist deshalb so gefährlich, weil es einen Ersparnisersatz vorspiegelt. Ich muss nicht sparen, ich zahle ja meine Rentenbeiträge, könnten viele denken. Es wird aber gar nichts gespart, sondern einfach weitergeleitet und größtenteils konsumiert. Die Rente der Rentner (Rendite) wird aus den Beiträgen der Lohnarbeiter finanziert. Damit handelt es sich um ein gigantisches Kettenbriefsystem – genau wie das des Betrügers Bernie Madoff. Der lockte mit riesigen Renditen immer neue Anleger an. Mit dem Geld der neuen Anleger zahlte er den alten hohe Renditen – so lange, bis … ja, bis der Betrug aufflog. Und endete, wie jedes Kettenbriefsystem endet.

Des Fischers Geld kann aber auch anderweitig verschwendet worden sein. Der Kapitän kann durchaus rechtschaffen sein, seine mit dem Kapital des Fischers finanzierten Projekte könnten jedoch einfach scheitern – wir denken an die Fehlinvestitionen der Finanzkrise im Immobiliensektor.

Stellen wir uns nun vor, dass das Boot schlecht konstruiert war und gesunken ist (Fehlinvestition wie Immobilienblase) oder dass der Kapitän das Boot niemals gebaut hat, weil er lieber Partys gefeiert hat (Fehlinvestition wie Wohlfahrtsstaat). Das Vermögen, das der Fischer zu besitzen glaubt, ist dann einfach nicht (mehr) da. Natürlich lebte der Fischer die ganze Zeit in der Illusion, reich zu sein. Die Anleihen besitzt er ja auch jetzt noch.

Stellen wir uns weiter vor, dass der König Papiergeld und eine Notenbank eingeführt hat. Um die Situation zu »retten«, kauft und übernimmt der König die gescheiterte Firma des Kapitäns (samt dem gesunkenen Boot). So kommt es zu keinem Bankrott, der die Verluste offenbaren würde. Genauso wie in der Finanzkrise Unternehmen durch den Staat gerettet wurden.

Der König könnte den Kapitän natürlich auch retten, indem er nicht die Firma kauft, sondern dem Kapitän Geld zur Verfügung stellt, sodass er weiterwerkeln kann. Das Geld besorgt der König sich einfach, indem er selbst Schulden macht, also Anleihen herausgibt und diese Anleihen von der Notenbank aufkaufen lässt (genauso wie heute Zentralbanken Staatsanleihen erwerben). Dumm ist er ja nicht, unser König.

Durch die königliche Intervention könnte der Kapitän den Fischer dann auszahlen, mit frisch gedrucktem Geld. Alternativ könnte auch die Notenbank Geld drucken und dem Fischer seine Anleihen direkt abkaufen. Die schlechten Investitionen (in Form der Anleihen) landen so in der Bilanz der Notenbank oder beim König.

So könnte der Fischer weiterhin in der Illusion leben, reich zu sein, weil er Staatsanleihen, Papiergeld oder Anleihen einer verstaatlichten oder staatlich subventionierten Firma besitzt. Die Situation des Fischers ist durchaus mit der heutigen vergleichbar: Viele Menschen fühlen sich reich und abgesichert, weil sie auf dem Papier über Sparvermögen verfügen, weil sie Staatsanleihen, Bankeinlagen oder Anleihefonds besitzen. Oder weil sie eine Lebens- oder Rentenversicherung abgeschlossen haben (Banken, Fondsgesellschaften und Lebensversicherer sind stark in Staatsanleihen investiert).

Jedenfalls kann man die Vermögensvernichtung (das Sinken des Bootes oder das Verprassen des Geldes für ein Partyleben), die Fehlinvestition, nicht ungeschehen machen. Und am Ende wird der Fischer seine Anleihen, das Papiergeld oder andere Forderungen, die er besitzt, nicht essen können. Es ist einfach nichts da, womit diese gedeckt wären. Niemand fängt in unserem Beispiel gegenwärtig Fische, also werden die Fische auch nicht ausreichen, um sowohl den Fischer als auch den Kapitän zu ernähren. Und was macht der Fischer nun?

So ähnlich ist es heute auch. Viele Menschen glauben, Vermögen zu besitzen, das in Wirklichkeit nicht existiert. Das Vermögen wurde direkt und indirekt durch Fehlinvestitionen von Regierungen verschleudert. Die Regierungen haben Geld in staatlichen Wohlfahrtsprogrammen geschreddert und unhaltbare Versprechen durch staatliche Rentensysteme aufgebaut; sie haben marode Unternehmen gerettet, indem sie künstliche Märkte geschaffen, Subventionen gewährt und Kapitalspritzen verabreicht haben. Die Staatsschulden sind explodiert.

Viele Menschen glauben, das Papiervermögen, das sie in Form von Staatsanleihen, Anleihefonds, Versicherungspolicen, Bankguthaben und sonstigen Forderungen besitzen, würde ihnen einen angenehmen Lebensabend sichern. Jedoch werden sie im Rentenalter nur das verzehren können, was entweder in Form von Realgütern angespart wurde oder – noch viel entscheidender –, was real wirklich produziert wird. Aber die wirklichen Kapazitäten der Volkswirtschaft sind durch Regierungseingriffe ernsthaft beschädigt und vermindert worden. Das gegenwärtige Papiervermögen ist gedeckt durch eine Menge heißer Luft. Die stetige Verschiebung von schlechten Schulden hin zu Regierungen und Notenbanken kann die Zerstörung des Wohlstandes nicht ungeschehen machen. Der Offenbarungseid wird früher oder später kommen. Sparer und Pensionäre werden irgendwann merken, dass der wirkliche Wert ihres Vermögens weit niedriger ist, als sie glauben. Wie der Offenbarungseid geleistet werden wird, steht in den Sternen. Wollen wir hoffen, dass Wachstum durch technologischen Fortschritt, Kapitalakkumulation und zunehmende Arbeitsteilung bei uns oder in anderen Teilen der Welt den Fall einigermaßen abfedern werden.

Dass wir hierhergekommen sind, lässt sich nun nicht mehr ändern. War die Situation aber grundsätzlich vermeidbar? Musste es so kommen? Wenn Sie bis jetzt aufmerksam gelesen haben, ist Ihnen klar: Einmal auf das falsche Pferd gesetzt, war die Katastrophe unvermeidlich.

Der Grund liegt im System selbst. Das Papiergeldsystem, in dem wir seit über 40 Jahren leben, reizt zur Überschuldung an und trägt damit die Saat seiner eigenen Zerstörung in sich.

In einem Papiergeld- oder Zwangsgeldsystem kann Geld aus dem Nichts am Computer geschaffen werden. Die Versuchung, sich dieses Privilegs zu bedienen, ist beinahe unwiderstehlich. Dazu müssten unsere Politiker schon wahre Engel sein. Mal zu Auflockerung. Können Sie sich die mit Engelsflügelchen vorstellen?

In einem Papiergeldsystem neigen Geldmenge und Preise dazu, kontinuierlich zu steigen. Das Sparen von Bargeld zum Erwerb von Vermögenswerten ist in einem solchen System wenig angeraten. Vielmehr ist es klüger, sich zu verschulden, um Werte wie Immobilien zu erwerben und die Schulden später mit entwerteten Geldeinheiten zurückzuzahlen.

Einen besonders hohen Anreiz zur Überschuldung haben jene Akteure, die darauf hoffen können, nötigenfalls durch die Produktion neuen Geldes gerettet zu werden. Dazu zählen Großunternehmen, vor allem aber Banken und Staaten.

Als wäre das noch nicht genug, verursacht das teilgedeckte Bankensystem immer neue Aufschwünge und Krisen. In der Krise findet keine vollständige Bereinigung statt, vielmehr wird neues Geld produziert, um die Anpassungsprozesse zu verlangsamen oder ganz zu verhindern. Die Ungleichgewichte schaukeln sich so langsam hoch. Und wir starten von immer höheren Niveaus schlechter Schulden aus in einen neuen Zyklus. Seit 40 Jahren bietet sich damit das gleiche Bild. In Krisen werden die Zinsen gesenkt und überschuldete Akteure mit neuem Geld gerettet.

Ein Papiergeldsystem gleicht damit einem Schneeball, der – auf Bergesspitze losgelassen – nach unten rollt, größer wird und weitere Schneemassen in Bewegung setzt. Der Anreiz, das Geldmonopol zur eigenen Bereicherung zu nutzen, ist enorm hoch. Das wiederum reizt zum Schuldenmachen an. In der Krise werden dann die Schuldner gerettet, indem noch mehr Geld produziert wird und die Zinsen gesenkt werden. Der Anreiz zur Schuldenwirtschaft wird weiter verstärkt. Die Schuldenlawine wächst und wächst und saust immer schneller ihrem Ziel entgegen. Doch langsam scheint das Ende der Fahnenstange erreicht. Die Zinsen liegen nahe null. Viel weiter sinken können sie nicht. Die Staatsverschuldung in den allermeisten Industrienationen befindet sich auf einem in Friedenszeiten noch nie dagewesenen Niveau. Ist das die allseits beschworene Nachhaltigkeit?

Und die Staatsdefizite bleiben hoch. Der Druck aus der Bevölkerung gegen ein radikales Zurechtstutzen der Wohlfahrtsstaaten ist einfach zu stark. Man ist schon der Droge billigen Geldes hörig geworden. Banken und andere Finanzinstitutionen sitzen auf einem riesigen Berg öffentlicher Schulden. Gleichzeitig ist echtes Wachstum nicht in Sicht – auch wenn dies der letzte Hoffnungsstrohhalm unserer Politiker ist.

Die Eliten aus Politik und Bankwirtschaft stecken in einer von ihnen selbst gestellten Falle. Die Notenbanken können keine Pleite großer Schuldner zulassen, da diese gleich das Bankensystem mit sich ziehen könnte. Vor allem eine Staatspleite könnte den sofortigen Bankrott des Bankensystems auslösen. Die Zinsen auf ein realistisches Niveau anzuheben oder die von den Notenbanken angekauften Vermögenswerte wieder zu verkaufen, würde die Solvenz des Bankensektors, hochverschuldeter Unternehmen und ganzer Staaten in größte Gefahr stürzen.

Von überschuldeten Konsumenten ganz zu schweigen ... Um diese Pleiten abzuwenden, bleibt den Notenbanken also nur eins: die Flucht nach vorne. Das Gaspedal fest durchdrücken. Weiter Geld produzieren, um die Schuldner zu retten. Aber das ist so, als würde man Öl ins Feuer gießen. Denn die Schuldenberge und Probleme wachsen dann immer weiter. Es scheint sogar, als könnte bereits das Drucken von *weniger* zusätzlichem Geld – also ein lediglich langsameres Gelddrucken – (man nennt dies neuerdings »Tapering«) hochverschuldeten Marktteilnehmern substanzielle Probleme bereiten und eine Pleitespirale auslösen.

Könnte aber nicht ein Schuldenabbau innerhalb des Papiergeldsystems erfolgen? Im Prinzip ja. Aber eine massive Kürzung von Staatsausgaben zwecks Schuldentilgung ist eher unwahrscheinlich, angesichts der Anreize für Politiker in einer Demokratie. Damit Staaten, Banken und andere überschuldete Marktteilnehmer nicht in Probleme geraten, wird es wohl nötig sein, immer mehr Geld zu drucken. Damit sind weiteres fahrlässiges Verhalten und eine neue, größere Krise vorprogrammiert. Dieser Weg führt letztlich in die Hyperinflation, die sämtliche Schulden entwertet. Sie ist *eine* Form des angesprochenen, unvermeidbaren Offenbarungseids. Schuldner gewinnen und Sparer verlieren. Der »Papierwohlstand«, den viele Menschen ein Leben lang angespart haben, wird nicht ausreichen, den Lebensstandard zu ermöglichen, den sie sich ausgemalt haben.

Wird also einfach weiter Geld gedruckt, und werden die Zinsen auf null gesenkt, bis die Menschen endgültig ihr Vertrauen in die Papiergeldwährungen verlieren? Kommt der Währungszusammenbruch zwangsläufig oder gibt es eine Alternative zur Hyperinflation? Und wie werden sich die bereits eingetretenen Verluste auf die Menschen auswirken?

Überlegen wir einmal gemeinsam. Heute verspüren die Notenbanken einen immensen Druck, die Geldmenge immer weiter zu inflationieren. Warum? Weil verschiedene Akteure, die den Notenbanken am Herzen liegen, wie die Banken oder der Staat, dem die Notenbanker letztlich ihre Position verdanken, überschuldet sind. Wird jedoch die Überschuldung abgebaut, so verschwindet der Druck auf die Notenbanken, die Zinsen derart niedrig zu halten und neues Geld herzustellen, um Schulden durch die Teuerung zu entwerten.

Zum Schuldenabbau gibt es verschiedene Möglichkeiten. Jede dieser Möglichkeiten offenbart die bereits erlittenen Verluste – erinnern Sie sich an den Fischer – auf eine etwas andere Weise und verteilt sie anders.

Einmal könnten Staaten ihre finanzielle Position dadurch verbessern, dass sie einfach ihre abgegebenen Versprechen nicht einhalten. Sie könnten beispielsweise die staatlichen Renten, Sozialleistungen und Arbeitslosenunterstützung massiv kürzen, um ihre Defizite auszugleichen oder Schulden zurückzuzahlen. Viele Ansprüche, auf die sich die Menschen verlassen haben, würden sich als wertlos erweisen.

Zudem könnten Staaten einfach die Rückzahlung ihrer Schulden einstellen. Staatsbankrott. Dies führt zu Verlusten bei Banken und Versicherungen, die die Ersparnisse ihrer Kunden in Staatsanleihen investiert haben. Wenn auf diese Weise die bereits eingetretenen Verluste zutage treten, werden die Menschen sehen, wie die Werte ihrer Anleihefonds massiv fallen. Ein Staatsbankrott könnte abhängig von seinem Ausmaß zudem den Kollaps des Bankensystems auslösen. Eine Pleitespirale überschuldeter Marktteilnehmer käme einem finanziellen Armageddon gleich. Deshalb hat die Politik bisher alles getan, dieses Szenario zu vermeiden.

Ein weiterer Weg aus der Schuldenfalle ist die Finanzielle Repression. Finanzielle Repression bedeutet, die Ersparnisse der Menschen immer mehr in Richtung Staat zu kanalisieren und so eine Schuldentilgung zu ermöglichen. Finanzielle Repression macht auf der einen Seite alternative Investitionen durch staatliche Eingriffe unattraktiv, wie beispielsweise Niedrigzinsen auf Spareinlagen. Auf der anderen Seite regt sie den Kauf von Staatsanleihen direkt an. So ist es für Lebensversicherungen sehr interessant, in Staatsanleihen anzulegen – wegen staatlicher Regulierung, die dieses Verhalten belohnt.

Gepaart mit echtem Wachstum und Ausgabenreduzierung könnte durch Finanzielle Repression eine Reduzierung der Staatsverschuldung gelingen. Nach dem Zweiten Weltkrieg schaffte es die US-Regierung tatsächlich, die Verschuldung von 130 Prozent des Bruttoinlandsproduktes (BIP) im Jahr 1946 auf 80 Prozent des BIP im Jahr 1952 zu verringern. Jedoch ist es eher unwahrscheinlich, dass ein derartiger Coup erneut gelingen würde. Damals standen die USA am Ende eines gewonnenen Krieges. Die Staatsausgaben wurden von 118 Mrd. US-Dollar im Jahr 1945 in nur zwei Jahren auf 58 Mrd. US-Dollar halbiert, größtenteils durch Reduzierung der Rüstungsausgaben. Stellen Sie sich vor, was heute los wäre, wenn die Staatsausgaben halbiert würden. All die, die von staatlichen Ausgaben abhängig sind, wären auf den Barrikaden. Überschuldete Akteure würden ohne den staatlichen Geldfluss massenweise pleitegehen. Daher scheinen ähnliche Ausgabenkürzungen wie in den USA nach dem Zweiten Weltkrieg heute nicht sehr wahrscheinlich. Denn heute geht der Großteil der Staatsausgaben nicht mehr für das Militär drauf, sondern für den Wohlfahrtsstaat.

Interessanter für die Politik könnte es daher sein, das Überschuldungsproblem durch steuerpolitische Maßnahmen zu lösen. Die Idee ist simpel. Wir reduzieren die Staatsschulden und rekapitalisieren die Banken, indem wir den Bürgern ihr Vermögen wegnehmen – nicht indirekt durch Inflation, sondern direkt durch Steuern. Der Staat könnte Vermögen in massivem Ausmaß enteignen und so Staatsschulden zurückzuzahlen. Wie wär's mit einer einmaligen Vermögensabgabe? Die verschreckt ja auch nicht Investoren. Sie ist ja nur einmalig.

Die Einnahmen verwendet der Staat dann für die Rückführung der Staatsschulden und zur Rekapitalisierung der Banken. In der Tat hat der Internationale Währungsfonds im Herbst 2013 den EU-Regierungen genau das empfohlen: eine einmalige Zwangsabgabe in Höhe von zehn Prozent auf alle Geldvermögen. Ziel: Reduzierung der hohen Staatsverschuldung.

Aber es gibt eine noch radikalere Methode, um ein instabiles Geldsystem wieder auf stabilere Beine zu hieven: eine echte Währungsreform, Streichung von Staatsschulden inklusive. Diese Option ist ebenfalls sehr attraktiv, soll Überschuldung reduziert werden, ohne eine massive Inflation zu provozieren. Das ist wie das Drücken der »Reset«-Taste am Computer. Wenn alles gut läuft, gibt es anschließend einen Neustart im Papiergeldsystem. Solch eine Reform funktionierte in Deutschland nach dem Zweiten Weltkrieg (nach dem verlorenen Krieg war finanzielle Repression für Deutschland keine Alternative), als die Papierwährung Reichsmark durch die Papierwährung D-Mark ersetzt wurde.

Wir wollen uns nicht mit einzelnen Details der Reform von 1948 aufhalten. Nur ganz kurz: Die Bürger konnten 60 Reichsmark im Verhältnis 1:1 in D-Mark tauschen. Alle Guthaben über 60 Reichsmark wurden einfach durch zehn dividiert und in D-Mark getauscht. Alle Schulden wurden ebenfalls gezehntelt. Darüber hinaus wurden die Staatsschulden für nichtig erklärt, aber nicht alle. Können Sie erraten, wer beim Staatsbankrott ausgenommen wurde? Richtig. Die von Banken gehaltenen Staatsanleihen fielen nicht aus. Die Banken erhielten Ausgleichsforderungen. Außerdem gab es eine einmalige Vermögensabgabe in Höhe von 50 Prozent! Diese Maßnahmen brachten im Zusammenspiel folgendes erwünschte Ergebnis: Die Überschuldung wurde abgebaut, der Staat praktisch entschuldet, die Banken rekapitalisiert – indem ihre Verbindlichkeiten gezehntelt wurden, nicht aber deren gesamte Vermögensanlagen (Staatsanleihen) – und die Sparer weitestgehend enteignet. Die Währungsreform brachte so die Vermögensvernichtung des Krieges zutage.

Alternativ ist auch eine »halbe« Währungsreform möglich, um den Inflationsdruck zu mindern, ein sogenannter »Bail-in«, wie er in Zypern schon einmal erprobt wurde, als aus Bankgläubigern (Sparern) Bankaktionäre wurden. Die Bankverbindlichkeiten werden so reduziert und im Gleichschritt das Eigenkapital erhöht. Die Geldmenge geht zurück, da Bankeinlagen in Bankaktien umfunktioniert wurden. Ein Bail-in rekapitalisiert das Bankensystem und lässt gleichzeitig schlechte Schulden verschwinden. Das Eigenkapital kann sogar so stark ansteigen, dass die Banken einen teilweisen Ausfall von Staatsschulden verkraften können. Der Bail-in lässt sich also hervorragend mit einem Teilausfall der Staatsschulden kombinieren. Bei einem Bail-in würden beispielsweise die Bürger, die in Lebensversicherungen investiert sind, die wiederum in Bankverbindlichkeiten und Staatsschulden angelegt haben, von den Verlusten getroffen. Im Ergebnis würde die Überschuldung von Banken und Staaten abgebaut, auf Kosten der Sparer und Geldbesitzer.

Welche Option letztlich gewählt werden wird, wissen wir nicht. Wahrscheinlich wird es auf irgendeine Mischung hinauslaufen. Doch wie auch immer es ausgehen wird: Ewig weiter so, mit immer neuem Geld und neuen Schulden, wird es nicht gehen. Irgendwann ist Schluss! Früher oder später werden die bereits entstandenen Verluste und die Wohlstandsillusion aufgedeckt. Im Wesentlichen werden es Steuerzahler, Sparer und Geldhalter sein, die zwecks Entschuldung und zur Stabilisierung der Währung zur Kasse gebeten werden.

Eine einmalige Vermögensabgabe, eine Währungsreform oder ein Bail-in sind nicht gerade populäre Maßnahmen, weil dadurch die Verluste plötzlich, offen und brutal zutage treten. Deshalb ist normalerweise die Inflation die der Politik liebste Option. Sie ermöglicht den Regierungen, die Kosten der Rettung von überschuldeten Akteuren zu verstecken. Jedoch besteht die Gefahr, dass die Inflation außer Kontrolle gerät. Diesem Moment kommen wir stetig und unweigerlich näher. Das Ende der Sackgasse rückt in Sichtweite.

Das Geldmonopol ist für den Staat wie der Stein der Weisen. Es erlaubt ihm eine ungeheure Machtausdehnung. Gerät einmal die Inflation außer Kontrolle und bricht das Geldsystem ganz zusammen, ist es erst einmal vorbei mit dieser Macht. Ganz abgesehen davon, dass die realen Wohlstands- und damit Steuereinbußen auch ungeheuer wären. Daher ist es gut möglich, dass die Politik vor der Inflationsvariante letztlich zurückschreckt. Bevor es zu einer galoppierenden Inflation kommt, wird sich die Politik zunehmend auf die anderen Optionen besinnen, und versuchen, die Reset-Taste des Systems zu bedienen. Und dann geht es wieder von vorne los …

Sind wir also im System gefangen? Ist es möglich, die Reset-Taste immer wieder und wieder zu betätigen? Ist das Papiergeldsystem also doch nicht dem Tode geweiht?

Wir haben eine gute und eine schlechte Nachricht für Sie. Die schlechte zuerst: Solange wir das Staatsgeld, schlechtes Geld, haben, werden wir immer wieder mit Überschuldungsszenarien zu kämpfen haben. Eine Währungsreform oder ein Bail-in können zwar die Überschuldung kurzfristig mindern, das ändert aber nichts daran, dass die Anreize zur Selbstzerstörung des Systems bestehen bleiben. Man steht dann eben in zwanzig oder zehn oder in nur fünf Jahren wieder vor dem gleichen Schlamassel und vor der nächsten Reform. Und in der Zwischenzeit gehen Entgesellschaftung, Umverteilung und Leiden weiter.

Nun zur guten Nachricht: Letztlich hängt die Zukunftsfähigkeit des Papiergeldsystem davon ab, wie sehr und wie oft sich die Leute täuschen lassen. Es gibt also einen Ausweg. Abraham Lincoln soll einmal gesagt haben: »Du kannst alle Menschen für eine kurze Zeit täuschen, und du kannst einige Menschen für immer täuschen, aber Du kannst nicht alle Menschen für immer täuschen.«

Wie lange aber wird es dauern, bis die Leute verstehen, wie teuflisch unser heutiges Geldsystem ist? Wie viel Zeit wird es brauchen, bis sie begreifen, dass das System es wenigen Privilegierten erlaubt, Geld aus dem Nichts zu schaffen – zum Schaden aller anderen? Wann werden die Leute verstehen, dass das Staatsgeldsystem in sich instabil ist und zu schweren wirtschaftlichen Krisen, zu ungerechter und asozialer Umverteilung, zur Verrohung der Sitten, zur Zerrüttung der Familien, zum Aufblähen des Staatsapparats, zu Armut und zu Unfreiheit führt?

Es besteht Anlass zur Hoffnung: Je mehr Menschen sich der Folgen des Staatgelds bewusst werden, desto schwieriger wird es, einfach den Reset-Knopf zu drücken. Denn Papiergeld hängt letztlich eben doch einzig vom Vertrauen ab. Geht das verloren, hilft auch ein verzweifeltes Einhämmern auf den Reset-Knopf nichts mehr. Und dann mag es plötzlich die Möglichkeit für eine wirkliche Reform geben – und *gutes Geld*. Aber nur, wenn genug Menschen sich energisch für diese Alternative einsetzen.

Wir haben dieses Buch geschrieben, um die notwendige Aufklärung zu leisten. Helfen Sie uns dabei. Sprechen Sie mit Ihren Freunden und Bekannten. Diskutieren Sie im Musik- und Sportverein, auf dem Elternabend, auf dem Nachbarschaftsfest. Je mehr Leute wissen, was beim Thema »Geld« wirklich läuft, desto besser – für Sie und für uns alle. Denn ein Ausstieg wird nur gelingen, wenn sich ein ausreichend großer Teil der Menschen dem Fortsetzen des Geldmonopolspiels widersetzt. Sie können Ihren persönlichen Teil für eine bessere Welt beitragen. Hier und heute. Der Einsatz lohnt, es steht viel auf dem Spiel. Möge der Erfolg auf unserer Seite sein!

9. Warum Sie von all dem noch nie gehört haben

Ob man es mag oder nicht, es ist eine Tatsache, dass die wichtigsten Streitfragen heutiger Politik rein ökonomisch sind und ohne ein Verständnis der nationalökonomischen Theorie nicht begriffen werden können.

Ludwig von Mises

Stellen Sie sich bitte vor, Sie wären Unternehmer und möchten ein minderwertiges Produkt überteuert verkaufen. Etwa eines, das ältere Leute üblicherweise bei einer Kaffeefahrt erwerben. Eine billige Decke aus Synthetik beispielsweise. Was müssten Sie tun? Überlegen Sie bitte … Genau. Sie müssten alle nur denkbaren Werberegister ziehen. Sie müssten die besten Verkäufer und Vertriebsprofis engagieren, die Ihr Schrottprodukt verticken und die Kunden abzocken. Und Sie müssten eine ganz besonders schlechte Eigenschaft besitzen: Skrupellosigkeit. Es darf Sie emotional nicht belasten, dass Sie Ihre Kunden betrügen. Sie müssten sich irgendwie selbst vormachen, das alles sei schon ganz ok. Jedenfalls müssten Sie die Werbetrommel so laut rühren, dass Ihre seriöse Konkurrenz überhaupt nicht gehört wird. Und sie müssten alles daran setzen, dass sich nicht herumspricht, dass Ihre Ware nichts taugt.

Und jetzt stellen Sie sich vor, Sie sind Hersteller eines qualitativ hochwertigen Produktes, das Sie auf dem Markt zu einem fairen Preis anbieten, eine superweiche Mohair-Wolldecke etwa. Es liegt Ihnen fern, Ihre Kunden über den Tisch zu ziehen. Sie müssen auch nicht fürchten, dass Ihnen jemand Vorwürfe machte, Sie hätten ihn mit falschen Versprechungen an der Nase herumgeführt.

Während Sie sich als ehrlicher Händler jeden Abend guten Gewissens im Spiegel betrachten können, müsste der skrupellose Verkäufer den seinen eigentlich zuhängen. *Müsste* und *eigentlich* deshalb, weil den Skrupellosen sein eigenes Verhalten ja nicht belastet.

Was wir Ihnen mit diesem Vergleich sagen möchten? Nun, das ist ganz einfach. Die volkswirtschaftlichen und gesellschaftspolitischen Lehren, die in den letzten Jahrzehnten immer mehr Einzug gehalten haben, sind wie *schlechte* Produkte, es sind *schlechte* Lehren. Es werden schlechte Ideen verbreitet. Damit dies überhaupt funktioniert, ist es nötig, stetig und aggressiv für sie zu werben, mit unlauteren Methoden und Propaganda. Und in einer Regelmäßigkeit, bis wirklich jeder glaubt, dass die verbreiteten Lehren die *einzig richtigen Lehren* sind.

Gehen Sie einmal davon aus, dass der Staat kein großes Interesse hat, dass die Wahrheit über unser Geldsystem ans Licht kommt. Denn würden die Menschen die Wahrheit über unser schlechtes Geld und seine Folgen kennen, würden sie sich wehren. Das Geldmonopol bräche zusammen. Und ohne dieses Monopol sieht es düster aus für Staat und Finanzindustrie. Der Verkauf schlechter Lehren ist also von enormer Wichtigkeit für gewisse Kreise. Dabei wird vor allem an die Gefühle der Menschen appelliert, und deshalb ist das Wort »sozial« heutzutage auch das von einem Politiker ganz sicher am meisten benutzte Adjektiv.

Wie fanden Sie die Theorien und Ideen, die wir Ihnen bisher präsentiert haben? Alles ganz schön logisch, oder? So logisch übrigens, dass es noch niemandem gelungen ist, diese Theorien zu widerlegen.

Jetzt ist aber der Zeitpunkt gekommen, Ihnen zu gestehen, dass auch wir Sie ein bisschen an der Nase herumgeführt haben. Jedoch nicht, um Ihnen etwas *Schlechtes* zu verkaufen. Im Gegenteil, wir haben ein *gutes* Produkt geliefert. *Bessere* Ideen eben. Aus diesem Grund haben wir auch kein schlechtes Gewissen. Wir haben einfach auch mal auf die Verpackung geachtet und unserem Buch einen schmucken Titel verpasst. Angenommen, wir hätten diesem Buch den Titel *Einführung in die Geldtheorie der Österreichischen Schule* oder *Die Österreicher wussten es schon immer* gegeben. Hätten Sie sich für dieses Buch überhaupt interessiert, geschweige denn es gekauft? Ganz ehrlich jetzt, eher nicht, oder? Vielleicht hätten Sie sich gedacht: *Meine Kinder gehen in Deutschland zur Schule, was interessiert mich das österreichische Schulsystem* oder *Was sollen die Österreicher wissen, was ich nicht schon weiß.*

Genau genommen hätten wir unser Buch *Einführung in die Geldtheorie der Österreichischen Schule der Nationalökonomie* nennen müssen, nichts anderes ist es nämlich. Haben wir aber nicht. Weil Sie es sonst mit an Sicherheit grenzender Wahrscheinlichkeit nicht gekauft hätten. Wer will sich in seiner Freizeit schon mit Nationalökonomie beschäftigen? Freiwillig tun das die wenigsten. Seien Sie uns also lieber dankbar für unsere kleine Täuschung. Vielleicht realisieren Sie es noch nicht so richtig, aber mit den Informationen in diesem Buch haben wir Sie in die Lage versetzt, die Probleme unserer Zeit, vor allem die Auswirkungen schlechten Geldes, besser zu deuten und zu verstehen als es die allermeisten Mainstream-Volkswirte jemals in ihrem Leben tun werden.

Wir wussten übrigens, dass unsere Strategie funktioniert. Der Logik der Österreichischen Schule der Nationalökonomie kann sich ein Unbefangener nämlich nicht entziehen. Sie haben nun quasi einen Grundkurs in Österreichischer Geld- und Konjunkturtheorie belegt. Herzlichen Glückwunsch. Sie wissen in dem Bereich jetzt mehr als 99,9 Prozent der Bevölkerung!

Und warum war Ihnen dabei nie langweilig? (Davon gehen wir jedenfalls mal aus.) Weil die Lehre der Österreichischen Schule auch eine Lehre vom *menschlichen Handeln* ist. Und weil wir *alle* handeln, finden wir uns auch *alle* in diesem Denken wieder. Denn was die Österreichische Schule vor allem von der Mainstream-Volkswirtschaft unterscheidet, ist – und das ist hier in wörtlichem Sinne zu verstehen – die *Denkrichtung.* Die Ökonomen der Österreichischen Schule gehen in ihren Überlegungen vom einzelnen Menschen, vom Individuum aus. Die heutige Volkswirtschaftslehre hingegen mathematisiert die Wirtschaft. Mathematisieren aber lässt sich nur das Gleichgewichtsmodell – in dem handelnde, kreative Menschen keinen Platz haben. Die heutige Volkswirtschaftslehre betrachtet mithin die Gesellschaft und Wirtschaft als etwas Statisches. Am allerliebsten beschäftigt sie sich mit Zahlen und Statistiken. Das konnten wir Ihnen beispielhaft bei der Berechnung der Teuerungsrate aufzeigen. Der Mensch als *handelndes* Individuum wird völlig ausgeblendet. Und das ist Unsinn. Gleichgewicht gibt es nie. Täglich machen Milliarden von Menschen neue Erfahrungen, lernen hinzu. Anschließend handeln sie anders, als sie vielleicht noch am Vortag, eine Stunde, eine Minute zuvor gehandelt hätten. Auch nach der Lektüre dieses Buches ändern sich Ihre Handlungen. Sie sehen und verstehen die Welt mit anderen Augen.

In seinen *Erinnerungen* schreibt Mises:

> *Das, was die Österreichische Schule auszeichnet und ihren unvergänglichen Ruhm bilden wird, ist gerade, dass sie eine Lehre vom wirtschaftlichen Handeln und nicht eine Lehre vom wirtschaftlichen Gleichgewicht, vom Nichthandeln, ist. Auch die Österreichische Schule verwendet die Gedankenbilder des Ruhezustandes und des Gleichgewichts, ohne die nationalökonomisches Denken nicht auskommen kann. Doch sie ist sich stets des bloß instrumentalen Charakters dieser – und aller anderen – Gedankenbilder bewusst. Sie will*

> *die Preise erklären, die auf den Märkten wirklich gezahlt werden, und nicht bloß Preise, die unter gewissen, nie realisierbaren Bedingungen gezahlt werden würden. Sie lehnt die mathematische Methode nicht etwa aus Unkenntnis der Mathematik oder aus Abneigung gegen mathematische Exaktheit ab, sondern weil sie kein Gewicht auf die Detailausmalung des Zustandes eines hypothetischen statischen Gleichgewichts legt. Sie hat sich nie der verhängnisvollen Illusion hingegeben, dass Werte gemessen werden könnten. Sie hat nie verkannt, dass alle statistischen Daten lediglich der Wirtschaftsgeschichte angehören und mit Wirtschaftstheorie nichts zu tun haben.*

In der modernen Volkswirtschaftslehre werden die einfachsten Sachverhalte scheinbar absichtlich verkompliziert, damit nur ja alles ganz besonders wichtig scheint. Das schreckt die Menschen ab und wirkt gewollt. Dann wird schon nicht so viel hinterfragt, nach dem Motto: *Das ist mir viel zu kompliziert.*

Dabei ist Wirtschaft so einfach. Sie funktioniert heute nach dem gleichen Muster wie schon vor Tausenden von Jahren. Menschen kommen zusammen, um freiwillig miteinander Handel zu treiben, zum gegenseitigen Nutzen. Menschen spezialisieren sich und teilen sich die Arbeit, um sich besserzustellen. Würden Sie jemandem etwas verkaufen oder eine Dienstleistung anbieten, um sich schlechterzustellen? Sicher nicht, oder? Das ist Grundlage jeglichen Handelns und hat rein gar nichts mit Egoismus zu tun, den man heute so vielen Marktteilnehmern andichten will.

Dieses letzte Kapitel eignet sich leider nicht, um noch einmal in unsere kleine Stadt zurückzukehren. In eine andere Stadt werden wir Sie nun dennoch kurz entführen, und zwar nach Wien. Jedoch nicht in das heutige, sondern ins Wien um die vorletzte Jahrhundertwende. Der

Ökonom Carl Menger (1840–1921) war es, der als Begründer der *Österreichischen Schule der Nationalökonomie* gilt. In seinem Werk *Grundsätze der Volkswirthschaftslehre* ist bereits 1871 zu lesen:

> *Das Geld ist keine staatliche Erfindung, nicht das Product eines legislativen Actes und die Sanction desselben Seitens der staatlichen Autorität ist demnach dem Begriffe des Geldes überhaupt fremd. Auch die Existenz bestimmter Waaren als Geld hat sich naturgemäss aus den ökonomischen Verhältnissen herausgebildet, ohne dass die staatliche Einflussnahme hiebei erforderlich gewesen wäre.*

Lesen Sie das beim nächsten Besuch in Ihrer Bank mal Ihrem Berater vor. Der lacht Sie aus oder schaut Sie mit großen Augen an. Letzteres ist wahrscheinlicher, denn er wird gar nicht wissen, wovon Sie reden.

Carl Menger war es, der den größten Ökonomen des 20. Jahrhunderts, Ludwig von Mises, entscheidend inspirierte. In seinen *Erinnerungen* schreibt Mises:

> *Als ich an die Universität kam, war Carl Menger im Begriffe, seine Lehrtätigkeit zu beenden. Von der Österreichischen Schule der Nationalökonomie war an der Universität nicht viel zu merken. Ich hatte damals auch kein Interesse für sie. Um Weihnachten 1903 herum las ich zum erstenmal Mengers »Grundsätze der Volkswirthschaftslehre«. Durch dieses Buch wurde ich zum Nationalökonomen.*

Eine der zentralen Forderungen von Ludwig von Mises war es, dass sich der Staat aus dem Geldwesen zurückziehen müsse. Zentralbank und staatliches Notenmonopol müssten abgeschafft werden. Er ließ sich dabei in seinen Überzeugungen nicht verbiegen und korrumpieren. Er stand kompromisslos ein für Liberalismus und freie Märkte. Mises' erster beruflicher Mittelpunkt war die *Wiener Kammer für Handel, Gewerbe und Industrie*, der er von 1909 an angehörte. Eine ordentliche Professur an einer staatlichen Universität blieb ihm sein Leben lang verwehrt. Wen wundert's? Man wollte ihn schlichtweg nicht. Ein andermal wollte er nicht, als hochdotierte Job-Angebote aus der Bankenindustrie an ihn herangetragen wurden. Mises in seinen *Erinnerungen*:

> *Nach dem Kriege war mein Ansehen als Geld- und Bankfachmann so groß, daß manche der Großbanken mir einen Platz in ihrem Vorstande einräumen wollten. Vor 1921 lehnte ich immer ab, weil man mir nicht die Zusicherung geben wollte, daß meine Ratschläge befolgt werden würden. Später hielt ich alle Banken für insolvent und rettungslos verloren; die Ereignisse haben mir recht gegeben.*

Dennoch wollte Mises nicht darauf verzichten, zu lehren. Berühmtheit erlangte sein Privatseminar, das er von 1920 an bis zum Jahr 1934 alle vierzehn Tage mit 20 bis 25 Teilnehmern abhielt. Der bekannteste Teilnehmer dieses Seminars dürfte zweifellos der spätere Nobelpreisträger Friedrich August von Hayek gewesen sein.

Wahrscheinlich ist Ihnen so langsam klar, warum auch heute an den Universitäten von der Österreichischen Schule der Nationalökonomie nicht viel zu hören ist. Dazu gleich noch mehr.

Zunächst zurück zu Ludwig von Mises. In seinem bahnbrechenden Werk *Theorie des Geldes und der Umlaufsmittel* – erschienen vor über 100 Jahren (!) – zeigte er, dass eine Ausweitung der Geldmenge von keinerlei sozialem Nutzen ist. Er bewies, dass sie jedoch zu einer Umverteilung und zu einer Kaufkraft des Geldes führen muss, die niedriger ist, als sie ohne den Geldmengenanstieg gewesen wäre. Und wenn der Geldmengenanstieg durch eine Kreditausweitung des Bankensystems vonstattengeht, kommt es zum Scheinaufschwung und Fehlinvestitionen – so Mises' innovative und bis heute hochaktuelle Konjunkturtheorie. Über die Theorie des Geldes schreibt Mises in seinen Erinnerungen:

> *Mein Buch wurde, wie nicht anders zu erwarten, von den Zeitschriften der deutschen Staatswissenschaftler in schroffster Weise abgelehnt. Ich habe mich darum wenig gekümmert. Ich wußte, daß meine Auffassungen sich bald durchsetzen würden. Und ich sah mit Grauen die Katastrophe, die ich angekündigt hatte, vor der Tür stehen. Neue Bücher, die von den Kritikern »vernichtet« werden, sind wertvoll und bleibend. Wer nur das zu sagen hat, was jedermann hören will, sollte lieber schweigen.*

Mises' Erkenntnisse waren revolutionär.

Im Jahr 1922 erschien sein Werk *Die Gemeinwirtschaft*, in dem er nachwies, dass Sozialismus nicht funktionieren kann. Auch nicht der Sozialdemokratismus. Dieses Buch machte Mises schlagartig berühmt und bei Sozialisten in aller Welt unbeliebt. Es mag arrogant anmuten, was Mises über seine Theorien zum Sozialismus schrieb:

Ich glaube, daß die Lehren, die ich in diesen Arbeiten vorgetragen habe, unanfechtbar sind. Es war gerade diese Unanfechtbarkeit, die ihm bald vermehrt Anfeindungen aus dem sozialistischen Lager einbrachte. Auch von dem sich in den dreißiger Jahren in Deutschland ausbreitenden Nationalsozialismus. Ganz nebenbei: Nationalsozialismus und Kommunismus sind nicht gegensätzlich, sondern Brüder im Geiste. Sie sind lediglich Konkurrenten. Beiden gemein sind ihr Totalitarismus und die Ablehnung eines freien Wirtschaftssystems.

Es war Mises schon bald klar, dass der bevorstehende Sieg der Nationalsozialisten in Deutschland auch Österreich bedrohen würde.

Nach Veröffentlichung der *Gemeinwirtschaft*, als klassischer Liberaler und als Jude, konnte er sicher sein, dass ihm die Gestapo nach einer Übernahme Österreichs durch die Nationalsozialisten nachstellen würde. Im Jahr 1934 siedelte er deshalb in die Schweiz über, nach Genf. Während der Zeit dort erschien sein zweifellos bedeutendstes Werk: *Nationalökonomie, Theorie des Handelns und Wirtschaftens.* Hierin entwickelte er seine Lehre vom menschlichen Handeln, die er als Praxeologie bezeichnete. Durch sie lassen sich mit widerspruchs- und fehlerfreiem Denken Sätze gewinnen, die ebenso unbestreitbar sind wie mathematische Formeln.

Noch im gleichen Jahr wurde kriegsbedingt auch die Stimmung in der Schweiz von Tag zu Tag gespannter, und Mises emigrierte in die USA. Zwischenzeitlich hatten die Nationalsozialisten bei ihrem Einmarsch in Wien im Jahr 1938 seine gesamte Bibliothek, seine Schriften und Dokumente in Kisten gepackt und abtransportiert. Es sollte fast sechzig Jahre dauern, bis diese Unterlagen wieder auftauchten. In den 1990er-Jahren wurden sie in einem Archiv in Moskau entdeckt. Die Sowjetarmee hatte sie 1945 bei Kriegsende beschlagnahmt und nach Moskau gebracht.

Warum beschreiben wir das so ausführlich? Um zu verdeutlichen, dass Mises behandelt wurde wie, ja beinahe wie ein Staatsfeind. Warum wurde ein Wissenschaftler wie er so gefürchtet? Jemand, der sein Leben in den Dienst der Wahrheit stellte? Jemand, der für nichts anderes eintrat als für *Schutz privaten Eigentums, Gleichheit aller vor dem Recht, Freiheit der Märkte*, der sollte gefährlich sein? Für wen bitte schön? Ist bei dieser Aufzählung irgendetwas dabei, was *Sie selbst* nicht auch befürworten? Auch heute haben Politiker weltweit Angst vor Mises' Erbe. Warum wohl? Klar, sie befürchten, in der Bedeutungslosigkeit zu versinken, wenn den Bürgern bewusst wird, dass staatliche Eingriffe in Wirtschaft und Gesellschaft *nachweislich* zum Scheitern verurteilt sind und mehr Schaden anrichten als Nutzen stiften.

Wahrscheinlich haben Sie sich nun schon mehrfach gefragt: »Warum setzt sich die ›Österreichische Denkweise‹ denn nicht von ganz alleine durch, wenn das alles so klar und logisch ist? Warum habe ich bis heute noch nichts davon gehört? Bestimmt ist da irgendwo ein Haken. Und ... dann erzählen die Autoren was von ›im freien Markt setzen sich die besten Produkte durch‹. Bei ihrer eigenen Theorie soll das nicht funktionieren? Warum hat sich die nicht durchgesetzt?«

Nun, es gibt mehrere – wiederum sehr schlüssige und nachvollziehbare – Argumente, warum die breite Öffentlichkeit von der Lehre der Österreicher noch nie etwas gehört hat.

Für Staat und Politik sind die Lehren und Theorien der Österreicher nämlich *höchst* unbequem. Und weil es noch niemals gelungen ist, ihre Theorien zu widerlegen, werden sie einfach totgeschwiegen und nirgendwo gelehrt oder unterrichtet. Weder an Universitäten noch an irgendwelchen anderen (öffentlichen) Schulen. Und Professoren, die zum Teil mit einhundertprozentiger Sicherheit wissen, dass es die *schlechteren* Lehren sind, die sie verbreiten (müssen), schweigen ebenfalls. Alles andere könnte für ihren Job auch ganz schnell gefährlich werden. Stellen Sie sich vor, Sie wären Professor an einer Universität und überlegten, das Geldmonopol des Staates infrage zu stellen. Würden *Sie* sich den Ast absägen auf dem Sie so bequem sitzen? Diese Themen sind Tabus, das sind heilige Kühe, das stellt man nicht so einfach infrage. Noch undenkbarer: In einer Vorlesung verteidigt ein Professor die Auffassung des libertären Ökonomen Hans-Hermann Hoppe, dass der Staat ein »*enteignender Eigentumsschützer und rechtsbrechender Rechtsbewahrer*« ist. Meinen Sie nicht auch, dass er mit seinem Arbeitgeber Probleme bekommen würde? Wer heute als Ökonom die Lehren der Österreichischen Schule vertritt, wird im staatlich kontrollierten Bildungswesen keine offenen Türen einrennen. Im Gegenteil, er wird Schwierigkeiten haben, einen Lehrstuhl zu finden, und bei Einkommen und akademischem Ansehen Abstriche hinnehmen müssen. Genauso, wie es Mises ergangen ist.

Am unbequemsten ist für Staat und Politik zweifellos die Forderung der Österreicher nach einer marktwirtschaftlichen Geldordnung. Sie wissen jetzt, dass der Politikerkaste dann nur ein Teil der Geldmittel zur Verfügung stünde, im Vergleich zum heutigen, staatlich monopolisierten Geldsystem. Da säße die Politik aber so richtig auf dem Trockenen, wie ein Fisch ohne Wasser.

Sehr ungelegen käme eine private Geldordnung, ein Verbot der Geldschaffung aus dem Nichts und die Schließung der Zentralbanken natürlich auch den Zentralbankern und Bankiers selbst. Und wer sollte dann noch die vielen Geldtheoretiker finanzieren, die Bücher und Aufsätze darüber veröffentlichen, wie die staatliche Geldpolitik am besten auszusehen hätte, und teilweise lukrative Beraterjobs bekleiden? Klar, dass Mainstream-Ökonomen das Staatsgeld eisern verteidigen. Haben sie doch ihre intellektuelle Karriere auf diesem Irrtum aufgebaut und in vielen Fällen eine Familie zu ernähren.

Die meisten Ökonomen der Österreichischen Schule treten jedoch *generell* für freie Märkte und eine Wirtschaft ohne staatliche Eingriffe ein, nicht nur beim Geldwesen. Weil aber die liebste Beschäftigung unserer Politiker das Regulieren und Gesetzemachen ist, wüssten die am Ende wohl gar nicht, was sie mit ihrer freien Zeit anfangen sollten. Es bräuchte nicht viel, und die Bürger kämen noch auf den Gedanken, den Beruf des Politikers abzuschaffen. Ein schöner Gedanke. Aber … ist das überhaupt ein richtiger Beruf? Politiker? Jemand, der es sich zur Aufgabe gemacht hat, seine Mitbürger mit Gesetzen und Verordnungen zu gängeln und zu quälen? Entscheiden Sie selbst.

Für Staat und Politik ist es wichtig, für all die Probleme in Wirtschaft und Gesellschaft einen Schuldigen zu finden. Das hatte schon Ludwig von Mises erkannt, als er in *Die Bürokratie* schrieb:

> *Der wichtigste Propagandatrick der Unterstützer der angeblich »fortschrittlichen« Politik des Staatzugriffes besteht darin, den Kapitalismus für all das zu tadeln, was an den heutigen Bedingungen unzufriedenstellend ist, und die Wohltaten zu preisen, die der Sozialismus für die Menschen bereithält. Sie haben es niemals unternommen, ihre irreführenden Lehrsätze zu beweisen, und weniger noch, die Einwände der Nationalökonomen zu widerlegen. Alles was sie taten war ihre Widersacher zu beleidigen und deren Motive verdächtig zu machen. Und unglücklicherweise kann der durchschnittliche Bürger diese List nicht durchschauen.*

Und damit der durchschnittliche Bürger die List nicht durchschaut, muss man ihm die *guten Lehren* und *besseren Ideen* vorenthalten. Weil man selbst nur *schlechte Lehren* und *schlechte Ideen* hat, die man gebetsmühlenartig wiederholt.

So werden die Probleme der heutigen Zeit dem Kapitalismus in die Schuhe geschoben. Aber existiert dieser Kapitalismus überhaupt (noch)? Liegt die Staatsquote in den meisten Industrienationen nicht bereits um die 50 Prozent? Ist nicht in den allermeisten Bereichen bereits alles reguliert? Wir haben darüber ausführlich in Kapitel sieben gesprochen. Den Begriff »Kapitalismus« assoziieren die meisten Menschen mit etwas Negativem. Wer sich heute für Kapitalismus ausspricht, der outet sich quasi automatisch als »*unsozial*«. Sich für eine »freie Marktwirtschaft« auszusprechen, das schickt sich schon eher. Hört sich ja auch besser an, oder? Ist aber genau das Gleiche. Wer würde sich aber gegen freie Märkte aussprechen wollen? Gegen freie Märkte zu sein, hieße im Umkehrschluss, staatliche Regulierungen zu befürworten. Das wäre schlecht fürs Image. Und weil die Politik nichts mehr fürchtet als ein schlechtes Image, und nicht als Regulierer dastehen will, sondern als jemand, der im Interesse der *Bürgerinnen und Bürger* Fehlentwicklungen korrigiert, wird jemand gebraucht, dem man diese Fehlentwicklungen in die Schuhe schieben kann. Das ist bei einem so negativ besetzten Begriff wie »Kapitalismus« natürlich nicht schwer. Manchmal spricht man auch von »Marktversagen«. Können freie Märkte versagen? Merken Sie, was hier für ein Spiel gespielt wird?

Bei der Verfolgung dieses Zieles scheuen sich unsere fürsorglichen Staatsvertreter nicht einmal, propagandaähnliche Methoden anzuwenden. Jedoch: *Propaganda ist eines der schlimmsten Übel der Bürokratie und des Sozialismus. Propaganda ist immer die Propaganda von Lügen, Irrtümern und Aberglauben,* bringt Mises ihr Wesen in *Die Bürokratie* auf den Punkt.

Wir wollen aber noch einen Schritt weiter gehen. Der Begriff Propaganda ist nach unserer Einschätzung noch zu schwach, um das zu beschreiben, was uns von der Politik mittlerweile Tag für Tag geboten wird. Demagogie trifft die Sache besser. An anderer Stelle hat Mises ebenfalls diesen Begriff gebraucht. Das ist übertrieben, meinen Sie? Lesen Sie, wie der Autor Martin Morlock in seinem Buch *Hohe Schule der Verführung* den Begriff »Demagogie« definiert:

> *Demagogie betreibt, wer bei günstiger Gelegenheit für ein politisches oder ideologisches Ziel wirbt, indem er der Masse schmeichelt, an ihre Gefühle, Instinkte und Vorurteile appelliert; ferner wer sich der Hetze und Lüge schuldig macht, Wahres übertrieben oder grob vereinfacht darstellt, die Sache, die er durchsetzen will, für die Sache aller Gutgesinnten ausgibt, und die Art und Weise, wie er sie durchsetzt oder durchzusetzen vorschlägt, als die einzig mögliche hinstellt.*

Wir ersparen uns hierzu jeden weiteren Kommentar.

Warum aber halten die Vertreter der Österreichischen Schule nicht dagegen? Die Frage ist berechtigt. Aber versuchen Sie einmal, mit demjenigen zu konkurrieren, der es geschafft hat, sich die Macht über das Geldwesen zu verschaffen. Es stehen ihm dadurch praktisch unbegrenzte Mittel zur Verfügung, um die Menschen und vor allem die Meinungsbildner in einer Gesellschaft zu korrumpieren. Versuchen Sie, mit demjenigen zu konkurrieren, der das Bildungssystem monopolisiert hat und bestimmt, wie Lehrpläne in Schulen und Universitäten auszusehen haben. Versuchen Sie, mit demjenigen zu konkurrieren, der die Gesetze macht und praktisch in jeder Hinsicht Letztentscheider ist. Noch Fragen?

Außerdem, machen wir uns nichts vor: Die Lehren der Österreichischen Schule sind nicht gerade bequem. Sie beharren darauf, dass vor dem Investieren das *Sparen*, vor dem Konsum die Produktion kommen muss. Wenn es jedoch, wie heute, billiges, jederzeit in Form von Kredit zur Verfügung stehendes Geld gibt, warum nicht zugreifen? Und die Menschen erliegen leider nur zu gerne den Verlockungen und Versprechungen der Politik. Daran ist auch die Demokratie nicht unschuldig. Sie versetzt eine Mehrheit in die Lage, einer Minderheit in die Tasche zu greifen. Oder was bedeutet es sonst, wenn sich eine Mehrheit für Steuererhöhungen ausspricht, diese aber nur einen geringen Teil der Bevölkerung treffen, wie beispielsweise eine Reichen- oder Vermögenssteuer? Betrachten Sie das aus Sicht eines Politikers: Wenn Sie als Demagoge so geschickt Wahlkampf führen, haben Sie die Mehrheit schnell auf Ihrer Seite.

Ludwig von Mises war immer davon überzeugt, dass sich die besseren Ideen langfristig durchsetzen. Jedoch wollte er die politische Kampfesweise, wie er es nannte, nicht ändern, weil er sich nicht auf das Niveau seiner Widersacher einlassen wollte, nämlich auf niedrige Taktiken und Strategien. So schreibt er in *Die Gemeinwirtschaft:*

> *Wenn Völker blind dem Untergang entgegengehen, dann muß man versuchen, sie aufzuklären. Wenn sie aber nicht hören, sei es weil sie taub sind, sei es weil die Stimme der*

Warner zu schwach ist, kann man sie auch nicht durch taktische und demagogische Kunstgriffe auf den rechten Weg bringen. Mit Demagogie kann man die Gesellschaft vielleicht zerstören, doch gewiß nicht aufbauen.

Seit einigen Jahren erlebt die Österreichische Schule der Nationalökonomie eine Renaissance. Auch in Deutschland gibt es mittlerweile ein Ludwig-von-Mises-Institut, wo man es sich – wie die zahlreichen anderen Mises-Institute weltweit – zur Aufgabe gemacht hat, die *besseren* Ideen zu verbreiten.

Unser *Hauptanliegen* ist es, dem Staat das Geldmonopol zu *entreißen.* Ja, zu entreißen. Freiwillig wird er es nämlich nicht hergeben, nur unter größtem Druck, den wir alle nur gemeinsam erzeugen können. Gelänge dies, wäre ein großer Schritt getan. Ein großer Schritt hin zu weniger Staat, dem so eine schier unbegrenzte Finanzierungsmöglichkeit genommen würde. Und mithin ein großer Schritt hin zu mehr Freiheit. Viele Probleme und Missstände, die heute tagein und tagaus diskutiert, quer durch alle Medien gejagt, noch mal umgedreht und von links wie von rechts kommentiert werden, würden sich in Luft auflösen. Alleine die abendlichen Nachrichtensendungen, die durch endlose Berichterstattung über Politik und Parteien ohnehin nur noch etwas für masochistisch Veranlagte geworden sind, ließen sich so auf fünf Minuten verkürzen. In dieser Zeit wäre alles Wichtige gesagt. Rechnen Sie mal aus, was Sie in dieser gewonnenen Zeit Sinnvolles machen könnten.

Nun zu unserem *Appell* an Sie. Ja, Sie haben richtig gelesen, *Appell,* nicht *Bitte.* Wir fordern Sie auf, mitzuhelfen, die Lehren der *Österreichischen Schule der Nationalökonomie,* die *besseren Ideen* zu verbreiten. Es geht um nichts weniger als um unser aller Freiheit und Wohlstand, auch um Ihre. Konzentrieren Sie sich dabei zuallererst darauf, Ihre Familie, Ihren Freundes- und Bekanntenkreis *darüber* aufzuklären, dass *staatliches* Geld *schlechtes* Geld ist. Nutzen Sie die sozialen Netzwerke.

Diskutieren Sie. Sie haben jetzt die besseren Argumente, und die sind unwiderstehlich. Jeder, den Sie aufklären und gewinnen können, ist ein potenzieller Mitstreiter. Und halten Sie sich auf dem Laufenden, mit den neuesten Kommentaren und Analysen der aktuellen Probleme aus österreichischer Sicht; beispielsweise auf den Internetseiten des *Ludwig-von-Mises-Instituts Deutschland*. Im Internet finden Sie auch rasch Gleichgesinnte. Es sind mehr, als Sie vielleicht glauben, aber noch viel zu wenige. Je mehr Menschen den Staat argwöhnisch beobachten, umso schwerer wird der sich dabei tun, uns immer weiter zu gängeln, zu betrügen und zu bestehlen. Schließen Sie sich an. Machen Sie Mises' Leitspruch auch zu Ihrem: *Tu ne cede malis sed contra audentior ito – Weiche nicht dem Bösen, sondern tritt ihm umso mutiger entgegen.*

Niemand hat die Wichtigkeit all dessen treffender formuliert als Ludwig von Mises in seiner Schrift *Die Bürokratie*. Er soll daher hier auch das letzte Wort haben:

> *Das Ziel der Verbreitung ökonomischer Studien in größeren Bevölkerungskreisen ist nicht, aus jedem Menschen einen Nationalökonom zu machen. Die Idee ist, den Bürger für seine staatsbürgerlichen Funktionen im Gemeinschaftsleben zu wappnen. Der Konflikt zwischen Kapitalismus und Totalitarismus, von dessen Ausgang das Schicksal der Zivilisation abhängt, wird nicht durch Bürgerkriege und Revolutionen entschieden werden. Er ist ein Krieg der Ideen. Die öffentliche Meinung wird über Sieg und Niederlage bestimmen.*

Autoren

Philipp Bagus studierte Volkswirtschaftslehre in Münster und Madrid. Er promovierte unter der Leitung von Prof. Jesús Huerta de Soto zum Thema Deflation. Zurzeit ist er Professor an der Universidad Rey Juan Carlos in Madrid. Dort lehrt er die Einführung in die Ökonomie, Mikro-, Makroökonomie und Methodologie der Österreichischen Schule. Dr. Bagus ist Autor von *Die Tragödie des Euro* (FinanzBuch Verlag) und zusammen mit David Howden Autor des Buches *Deep Freeze: Iceland's Economic Collapse.*

Andreas Marquart ist Vorstand des Ludwig-von-Mises-Instituts Deutschland. Nach dem Abitur absolvierte er eine klassische Bankausbildung und machte sich 1998 nach 15 Jahren als Banker in der Finanzdienstleistung mit dem Schwerpunkt Vermögensanlage selbstständig. Er orientiert sich bei der Beratung an den Erkenntnissen der Österreichischen Schule der Nationalökonomie. Mehr zu seiner Person unter: http://austrianconsult.de/.

Literatur

Baader, Roland, *Fauler Zauber,* Resch, 1998

Baader, Roland, *Freiheitsfunken II.*, Lichtschlag, 2012

Baader, Roland, *Geldsozialismus,* Resch, 2010

Hoppe, Hans-Hermann, *Demokratie. Der Gott, der keiner ist,* Manuscriptum, 2003

Hoppe, Hans-Hermann, *Der Wettbewerb der Gauner,* Holzinger, 2012

Huerta de Soto, Jesús, *Geld, Bankkredit und Konjunkturzyklen,* Lucius & Lucius, 2011

Hülsmann, Jörg Guido, *Die Ethik der Geldproduktion,* Manuscriptum, 2007

Hülsmann, Jörg Guido, *Krise der Inflationskultur,* FinanzBuch Verlag, 2013

von Mises, Ludwig von, *Die Bürokratie,* Academia, 2004

von Mises, Ludwig, *Die Gemeinwirtschaft,* Lucius & Lucius, 2007 (unveränderter Nachdruck der zweiten, umgearbeiteten Auflage, Jena 1932) von Mises, Ludwig, *Erinnerungen,* Gustav Fischer, 1978

von Mises, Ludwig, *Kritik des Interventionismus,* Akston, 2013

von Mises, Ludwig, *Theorie des Geldes und der Umlaufsmittel,* Duncker & Humblot, 2005 (unveränderter Nachdruck der zweiten, neubearbeiteten Auflage von 1924)

von Mises, Ludwig, *Nationalökonomie, Theorie des Handelns und Wirtschaftens,* buchausgabe.de, 2010 (unveränderter Nachdruck der ersten Auflage, Genf 1940)

von Mises, Margit, *Ludwig von Mises, Der Mensch und sein Werk,* Philosophia, 1981

Polleit, Thorsten (Hrsg.), *Ludwig von Mises. Leben und Werk für Einsteiger,* FinanzBuch Verlag 2013

Polleit, Thorsten, von Prollius, Michael, *Geldreform,* Lichtschlag, 2010

Rothbard, Murray Newton, *Die Ethik der Freiheit,* Academia, 2006

Rothbard, Murray Newton, *Das Schein-Geld-System,* Resch, 2005

Schlichter, Detlev S., *Das Ende des Scheins,* Wiley, 2013

Internetquellen

www.bundesbank.de – Deutsche Bundesbank

www.bundesfinanzministerium.de – Bundesministerium für Finanzen

www.destatis.de – Statistisches Bundesamt

www.ecb.europa.eu/home – Europäische Zentralbank / Eurosystem

Stichwortverzeichnis